Nicole Hofstetter

Schulische Integration von Kindern mit Epilepsie

Chancen und Grenzen aus der Sicht von schulischen Heilpädagogen

Diplomica Verlag GmbH

Hofstetter, Nicole: Schulische Integration von Kindern mit Epilepsie: Chancen und Grenzen aus der Sicht von schulischen Heilpädagogen, Hamburg, Diplomica Verlag GmbH 2013

Buch-ISBN: 978-3-8428-9078-7
PDF-eBook-ISBN: 978-3-8428-4078-2
Druck/Herstellung: Diplomica® Verlag GmbH, Hamburg, 2013
Covermotiv: © Dot.ti – Photocase.com

Bibliografische Information der Deutschen Nationalbibliothek:
Die Deutsche Nationalbibliothek verzeichnet diese Publikation in der Deutschen Nationalbibliografie; detaillierte bibliografische Daten sind im Internet über http://dnb.d-nb.de abrufbar.

Das Werk einschließlich aller seiner Teile ist urheberrechtlich geschützt. Jede Verwertung außerhalb der Grenzen des Urheberrechtsgesetzes ist ohne Zustimmung des Verlages unzulässig und strafbar. Dies gilt insbesondere für Vervielfältigungen, Übersetzungen, Mikroverfilmungen und die Einspeicherung und Bearbeitung in elektronischen Systemen.

Die Wiedergabe von Gebrauchsnamen, Handelsnamen, Warenbezeichnungen usw. in diesem Werk berechtigt auch ohne besondere Kennzeichnung nicht zu der Annahme, dass solche Namen im Sinne der Warenzeichen- und Markenschutz-Gesetzgebung als frei zu betrachten wären und daher von jedermann benutzt werden dürften.

Die Informationen in diesem Werk wurden mit Sorgfalt erarbeitet. Dennoch können Fehler nicht vollständig ausgeschlossen werden und die Diplomica Verlag GmbH, die Autoren oder Übersetzer übernehmen keine juristische Verantwortung oder irgendeine Haftung für evtl. verbliebene fehlerhafte Angaben und deren Folgen.

Alle Rechte vorbehalten

© Diplomica Verlag GmbH
Hermannstal 119k, 22119 Hamburg
http://www.diplomica-verlag.de, Hamburg 2013
Printed in Germany

Dank

Zum Schluss dieser Unterrsuchung danken wir allen, die uns bei unserem Forschungsvorhaben zur Seite gestanden sind und uns bei der Realisierung dieser Untersuchung unterstützt haben.

- Andreas Eckert für seine kompetente Begleitung und Beratung.
- Susanne Suter für die Weiterleitung des Online Fragebogens.
- Allen Schulischen Heilpädagoginnen und Heilpädagogen, die sich für das Ausfüllen des Fragebogens Zeit genommen haben.
- Den Korrekturleserinnen und Korrekturlesern für ihre geleistete Arbeit.
- Unseren Familien, Freunden und Kollegen für ihre Unterstützung, Aufmunterungen und Geduld.

Abstract

Kinder mit Epilepsie – ein Thema für Schulen?

Ausgangspunkt für die vorliegende Untersuchung stellt die Umfrage von Wipf (2009) bezüglich Bedürfnisse und Wünsche von Menschen mit Epilepsie und deren Angehörigen dar. Die Umfrageergebnisse zeigten einen klaren Bedarf an Aufklärungsarbeit an Schulen betreffend der Krankheit. Es ist uns ein Anliegen, Lehr- und Fachpersonen für diese Krankheit und die daraus folgenden Beeinträchtigungen für das Kind zu sensibilisieren und sie auf die Thematik Epilepsie aufmerksam zu machen.

Anhand relevanter Literatur und der Auswertung einer Online-Umfrage über Epilepsie, durchgeführt bei Schulischen Heilpädagogen in den Kantonen Zürich, St. Gallen, Appenzell Inner- und Ausserrhoden, wurden die theoretischen Erkenntnissen mit denen der Forschung verglichen und in Form von Leitsätzen zusammengefasst.

Im Fazit werden die aus der Diskussion gewonnen Erkenntnisse als Zielformulierungen für die zukünftige Integration von Kindern mit Epilepsie dargelegt.

Ich möchte trotz meiner Epilepsie von meiner Umwelt nicht in einen abgesonderten Rahmen gesteckt werden.
Ich möchte trotz meiner Epilepsie von andern keine Einschränkungen auferlegt bekommen.
Ich möchte trotz meiner Epilepsie „für alles offen" bleiben, was zum Leben gehört.

(Ausstellung Kork: „Epilepsie, mit Anfällen leben")

Inhaltsverzeichnis

Abstract 8

1 Einleitung 15

2 Ausgangslage 17
    2.1 Themenwahl aus heilpädagogischer Sicht 18

3 Forschungsabsicht 21
    3.1 Zielformulierung 21
    3.2 Forschungsfrage 21
    3.3 Eingrenzung der Thematik 21

4 Theorieteil 23
    4.1 Geschichte der Epilepsie 23
    4.2 Medizinische Aspekte der Epilepsie 24
    4.3 Klassifikation und Ursachen der Krankheit 26
    4.3.1 Einteilung bezüglich der Ursache 26
    4.3.2 Einteilung bezüglich des Erscheinungsbildes 27
    4.4 Diagnose und Untersuchungsmethoden der Epilepsie 31
    4.5 Behandlung und Therapie 32
    4.5.1 Medikamentöse Therapie 33
    4.5.2 Nebenwirkungen 33
    4.5.3 Prognose 34
    4.5.4 Geregelte Lebensführung 35
    4.6 Neuropsychologische Diagnostik 35
    4.7 Psychosoziale Aspekte 36
    4.7.1 Soziale Situation und Teilhabe 38
    4.7.2 Kognitive Entwicklung / Teilleistungsstörungen 39
    4.7.3 Verhaltensweisen 39
    4.8 Begriff der Integration 40
    4.8.1 Soziale Integration 41
    4.8.2 Schulische Integration (IS) 41
    4.9 Epilepsie und Schule 43
    4.9.1 Schulleistungen und Lernerfolg 44
    4.9.2 Sozialstatus und Befindlichkeit 45
    4.9.3 Lehrpersonen 46
    4.9.4 Schulische Heilpädagogen 47
    4.9.5 Mitschüler 48

4.9.6 Unterrichtsgestaltung 49
4.9.7 Unterstützende Massnahmen 51
4.9.8 Einschränkungen 51
4.10 Interdisziplinäre Zusammenarbeit 52
4.10.1 Interdisziplinäre Zusammenarbeit mit Eltern 52
4.10.2 Interdisziplinäre Zusammenarbeit mit Fachpersonen 53

5 Forschungsmethodisches Vorgehen 55
5.1 Forschungsdesign 55
5.1.1 Forschungsansatz 55
5.1.2 Sampling 56
5.2 Datenerhebung 57
5.2.1 Feldzugang 57
5.2.2 Forschungsmethoden 58
5.2.2 Triangulation 65
5.2.3 Member Check 65
5.3 Datenanalyse 65
5.3.1 Auswertung der Daten 65
5.4 Darstellung der Daten 66
5.4.1 Computernutzung 66
5.4.2 Forschungsbericht 66
5.5 Zeitlicher Ablauf 67

6 Forschungsanalyse 69
6.1 Beschreibung der Stichprobe 69
6.2 Auswertung der Kategorien 72
6.2.1 Kategorie Wissen 72
6.2.2 Kategorie Erfahrungen 77
6.2.3 Kategorie Voraussetzungen & Grundhaltung 81
6.2.4 Kategorie Beschulung 92
6.2.5 Kategorie Unterricht 100
6.2.6 Kategorie Förderung 109

7 Diskussion 123
7.1 Einordnung der Erwartungshaltungen der SHP im Bereich Wissen 123
7.2 Einordnung der Erwartungshaltungen der SHP im Bereich Erfahrungen 124
7.3 Einordnung der Erwartungshaltungen der SHP im Bereich Voraussetzungen & Grundhaltung 125
7.4 Einordnung der Erwartungshaltungen der SHP im Bereich Beschulung 127
7.5 Einordnung der Erwartungshaltungen der SHP im Bereich Unterricht 128

7.6 Einordnung der Erwartungshaltungen der SHP im Bereich Förderung 129

7.7 Einordnung der Erwartungshaltungen der SHP im Bereich Interdisziplinäre Zusammenarbeit 130

8 Beantwortung der Fragestellung **133**

9 Reflexion **137**

    9.1 Zielüberprüfung 137

    9.2 Forschungsmethodisches Vorgehen 137

    9.2.1 Forschungsdesign 137

    9.2.2 Datenerhebung 139

    9.2.3 Datenanalyse 141

    9.2.4 Darstellung der Daten 141

10 Fazit **143**

    10.1 Weiterführende Forschungsthemen 143

11 Empfehlenswerte Literatur **145**

12 Literaturverzeichnis **146**

    Literatur Internet 148

13 Abbildungsverzeichnis **149**

14 Anhang **153**

    Begleitbrief Fragebogen 153

    Fragebogen 154

    Erste Hilfe bei einem Epilepsieanfall 167

1 Einleitung

Die Aufgabe der allgemeinen Pädagogik, sowie der Sonderpädagogik ist es, die Bedürfnisse aller Schüler und Schülerinnen ernst zu nehmen und ihnen eine möglichst gute und ganzheitliche Förderung zukommen zu lassen. Es müssen im Unterricht Bedingungen geschaffen werden, welche ein Zusammenleben und ein Lernen von- und miteinander ermöglichen.

In der **Bundesverfassung** vom 18. Dezember, 1998 wird festgehalten, dass unter anderem niemand diskriminiert werden darf betreffend sozialer Stellung, der Lebensform oder einer körperlichen, geistigen oder psychischen Behinderung (Art. 8), (Schweizerische Zentralstelle für Heilpädagogik, 2007, S. 2).

Bund und Kantone setzen sich in Ergänzung zu persönlicher Verantwortung und privater Initiative dafür ein, dass Kinder und Jugendliche sich nach ihren Fähigkeiten bilden, aus- und weiterbilden können. Des Weiteren wird festgehalten, dass Kinder und Jugendliche in ihrer Entwicklung zur selbstständigen und sozial verantwortlichen Personen gefördert und in ihrer sozialen, kulturellen und politischen Integration unterstützt werden (Art. 41), (ebd.).

Im **Behindertengleichstellungsgesetz**, Stand 13. Juni 2006, heisst es weiter, dass behinderte Kinder und Jugendliche eine Grundschulung erhalten, die ihren besonderen Bedürfnissen angepasst ist. Die Kantone fördern, soweit dies möglich ist und dem wohl des behinderten Kindes und Jugendlichen dient, mit entsprechenden Schulungsformen die Integration in die Regelschule (Art.20), (ebd.).

In der **Salamanca Erklärung der UNESCO** hält die Schweiz gemeinsam mit den Vereinigten Nationen fest, dass jedes Kind ein grundsätzliches Recht auf Bildung hat. Jedes Kind hat einmalige Eigenschaften, Fähigkeiten und Lebensbedürfnisse. Dieser Vielfalt soll mit entsprechenden Schulsystemen und individuellen Lernprogrammen Rechnung getragen werden. Regelschulen mit integrativer Orientierung sind das beste Mittel, um diskriminierende Haltungen zu bekämpfen, eine integrierende Gesellschaft aufzubauen und um Bildung für ALLE zu erreichen. Mit individuellem und integrativem Unterricht soll die Regelschule auf die unterschiedlichen Voraussetzungen ihre Schüler hinsichtlich des Entwicklungsstandes, der Lern- und Leistungsfähigkeit, der sozialen oder sprachlichen Herkunft sowie dem Verhalten eingehen. Mit der Unterstützung von Schülern mit besonderen Bedürfnissen soll die Schule und alle daran Beteiligten dazu beitragen, dass sie sich integrieren und an ihr teilhaben können (UNESCO, 1994)

Diese Erkenntnis zeigt auf, dass sich jedes Kind in Bezug auf sein Lernen und seiner Entwicklung von den andern unterscheidet. Gleichzeitig kann nur eine Entwicklung stattfinden, wenn das Kind förderliche Bedingungen für das Lernen und Zusammenleben erhält, dies unabhängig von seinen individuellen Lernvoraussetzungen und Fähigkeiten. Das bedeutet für die Schule und involvierten Lehr-und Fachpersonen eine grundsätzliche Bereitschaft und eine bejahende Grundhaltung, den Unterricht zu öffnen und das eigene Handlungswissen zu erweitern. Eine positive Haltung zur Integration ist also sowohl Voraussetzung als auch Folge eines integrativen Bildungssystems (Antor & Bleidick, 2001, S. 12).

Neben dem Vermitteln der Sachkompetenz übernimmt die Schule vermehrt auch die Aufgabe, den Kindern Fähigkeiten im Bereich der Selbst- und Sozialkompetenz zu vermitteln. Die Erwartungshaltung an die Lehrpersonen ist hoch und das Erfüllen dieser Anforderungen stellt für viele eine grosse Herausforderung dar. Der Alltag zeigt, dass sie in der integrativen Schulungsform zunehmend mit den verschiedensten Arten von Schul-/bzw. Lernschwierigkeiten konfrontiert werden und die Lehrpersonen dabei an Grenzen stossen. Mangel an Ausdauer, Konzentrationsschwächen, Verhaltensauffälligkeiten wie aggressives Verhalten, Ruhelosigkeit, Hyperaktivitäten und vieles mehr beeinträchtigen den Unterricht. Ein breitgefächertes, spezifisches Wissen der SHP betreffend Schulschwierigkeiten und möglicher Ursachen spielt daher eine zentrale Rolle. Nur so ist eine optimale Unterstützung der Lehrpersonen und der Kinder gewährleistet, wenn besondere Lern- Entwicklungs- und Erziehungssituationen auftreten.

2 Ausgangslage

Teilleistungsschwächen, Lernschwierigkeiten und Verhaltensauffälligkeiten sind die häufigsten Beeinträchtigungen, welchen wir in unserem Berufsalltag begegnen. Die Ursachen, welche zu diesen Defiziten führen, können sehr vielfältiger Natur sein. Neben den bekannten Phänomenen wie Autismus oder AD(H)S, welche in den letzten Jahren vermehrt Aufmerksamkeit erlangt haben, wird der Krankheit der Epilepsien eher wenig Beachtung geschenkt. Und Sälke-Kellermann (2009, S. 123) spricht von ihr als „eine Krankheit auf der Schattenseite der Gesellschaft". Epilepsie ist jedoch eine Krankheit, die uns überall begegnen kann. Etwa 1% aller Menschen leiden an epileptischen Anfällen (Landesverband Epilepsie Bayern (LEB), 2008, S. 18) oder anders gesagt, auf 4-6 Menschen pro 1'000 Einwohner wird die Zahl der Betroffenen geschätzt (Sälke-Kellermann, 2009, S. 24). Vor allem im Kindesalter sind Epilepsien weit verbreitet und so auch in der Bildungslandschaft Schweiz allgegenwärtig, d.h. ca. 15'000 Kinder leben aktuell in unserem Land mit der Diagnose Epilepsie. Diese Tatsache führte dazu, dass 1970 betroffene Eltern die „Schweizerische Vereinigung der Eltern epilepsiekranker Kinder", kurz ParEpi, gründeten. Diese Elternorganisation befindet sich sowohl in der deutschen als auch französischen und italienischen Schweiz.

„Die Epilepsie ist eine „Kinderkrankheit" und stellt eine der häufigsten neurologischen Erkrankungen im Kindesalter dar" (Freitag 2005, in Epileptologie, 2007, S. 2). So haben Kinderärzte meist mehrere Kinder mit Epilepsie in Behandlung. Mehr als die Hälfte aller Epilepsien beginnen im Kindesalter und mehr als zwei Drittel aller an Epilepsie erkrankten Menschen haben ihren ersten Anfall vor dem 20. Lebensjahr (SVEEK, 1995, S. 10). Ein erhöhtes Risiko in der Kindheit daran zu erkranken, besteht darin, dass das Gehirn noch nicht voll ausgereift ist. Da man jedoch die Epilepsie den meisten Menschen nicht ansieht und viele Symptome unerkannt bleiben, wird ihre Häufigkeit oft unterschätzt oder ihre Auswirkungen missgedeutet. So können z.B. epileptische Absencen fälschlicherweise für Tagträume gehalten werden und als Unaufmerksamkeit interpretiert werden.

Ebenfalls ist seit langem bekannt, dass Kinder mit Epilepsie ein höheres Risiko für kognitive Beeinträchtigungen, Schulschwierigkeiten und Verhaltensstörungen haben als gesunde Kinder oder Kinder mit anderen chronischen Erkrankungen (Freitag 2005, in Epileptologie, 2007, S. 2). Gezielte Beobachtungen der Lehrpersonen können deshalb einen wesentlichen Beitrag zur Diagnose und Therapie der Erkrankung leisten. Vielen Lehrpersonen fehlt es jedoch an spezifischem Wissen über die Epilepsie im Allgemeinen, über soziale und leistungsmässige Integrationsformen und den Umgang mit Schülern mit dieser Krankheit. Sie sehen sich folglich mit einem „Problemkomplex" konfrontiert, dem sie etwas hilflos gegenüberstehen. Denn die Erkrankung mit ihren verschiedenen Aspekten nimmt auch Einfluss auf den Schulalltag: häufige Schulabsenzen, Klinikaufenthalte, Auswirkungen der unerwünschten Nebenwirkungen bei Medikamenteneinnahme, um nur einige zu nennen, können zu reduzierten Lern- und Leistungsfähigkeit führen und die Kinder in ihrer Persönlichkeitsentwicklung beeinflussen. „Obwohl Epilepsie unter Kindern und Jugendlichen eine häufig chronische Krankheit darstellt, ist das Wissen über die verschiedenen Formen und Auswirkungen sehr gering" (Schöler, 2009, S. 8).

Bei unserer Recherche betreffend Epilepsiewissen sind wir auf die erste Umfrage, welche in der Schweizer Bevölkerung von Epi-Suisse, im Jahre 2003 durchgeführt worden ist, gestossen. Die Auswertung zeigt ein erfreuliches Resultat. Nur sehr wenige Personen halten Epilepsie für eine Form von Geisteskrankheit. Die Einordnung der Krankheit, als Krankheit des Nervensystems hat sich zunehmend durchgesetzt. Die Frage, ob die Kinder mit Epilepsie eine normale Schule besuchen sollen, wurde bei 90% mit JA beantwortet (5% Nein, 5% Weiss nicht), (Presseportal, Epi-Suisse, 2003). Trotzdem verheimlichen viele Eltern noch heute aus Angst vor Diskriminierung die Epilepsie ihres Kindes beim Schulstart oder beim Übertritt in eine weiterführende Schule. Auch wird über die Krankheit im Freundes- und Bekanntenkreis, aus Angst den Kontakt zu verlieren und von sozialen Aktivitäten ausgeschlossen zu werden, oft nicht gesprochen (Sälke-Kellermann, 2009, S. 141). Diese Tatsachen stimmten uns nachdenklich und liessen uns aufhorchen.

2.1 Themenwahl aus heilpädagogischer Sicht

Die zentrale Aufgabe in der Schulischen Heilpädagogik ist, Kindern mit besonderen pädagogischen Bedürfnissen zu unterstützen, ihre Ressourcen zu erkennen und sie ihren Fähigkeiten entsprechend zu fördern. Das Kind soll sich wohl und akzeptiert fühlen und mit entsprechenden Fördereinheiten gelingend integriert werden. Mit ihrer Arbeit leistet die SHP einen Beitrag, dass Kinder lernen, ihren Alltag zu bewältigen und sich Kenntnisse aneignen und Fähigkeiten entwickeln, welche ihnen helfen sich in die Gesellschaft zurechtzufinden und an ihr teilzuhaben. Mit dieser Forschungsuntersuchung möchten wir einen Beitrag zum besseren Verständnis der Kinder mit Förderbedürfnissen leisten, welche auf eine Epilepsieerkrankung zurückzuführen sind. Es ist uns ein Anliegen, Lehr- und Fachpersonen für diese Krankheit und die daraus folgenden Beeinträchtigungen für das Kind zu sensibilisieren und sie auf die Thematik Epilepsie aufmerksam zu machen. Petermann (zit. nach Schöler 2009, S. 31) äussert sich diesbezüglich: "Gerade die chronischen Krankheiten im Kindes- und Jugendalter zeigen, wie notwendig ein integratives Verständnis von Gesundheit und Krankheit aus biologscher, psychologischer und sozialer Sicht ist":

Eine Studie, welche im Sommer 2009 von P. Wipf im Auftrag des Pharmaunternehmens Eisai, Hersteller von Epilepsiemedikamenten, durchgeführt wurde, hat uns bezüglich der Relevanz gegenüber der Thematik **Integration von Kindern mit Epilepsie** als Master-Thema, bestärkt.

251 Mitglieder von Epi-Suisse und ParEpi (Epilepsie-Patienten und deren Familien) haben daran teilgenommen. 53% der Befragten äusserten einen klaren Bedarf an zusätzlicher Aufklärungsarbeit an Schulen sowie bei Arbeitgebern betreffend der Krankheit (Wipf, 2009).

Das Wissen über die Ursachen, die verschiedenen Formen und Auswirkungen der Epilepsieerkrankung und deren pädagogisch sinnvollen Interventionen sollen helfen, die betroffenen Kinder im Rahmen einer integrativen Schulung in der Regelklasse zu unterstützen, sie zu begleiten und zu fördern. Es ist wichtig, dass auf ihre Probleme und Bedürfnisse eingegangen wird und sie in ihrer Gesamtheit wahrgenommen werden. Ängste, Unsicherheiten und Vorurteile sollen diesbezüglich abgebaut werden, um mit Offenheit den Betroffenen zu beggenen. „Das Verständnis der Umwelt, gerade für Kinder mit Anfallsleiden, ist notwendig, um die Autonomie des einzelnen zu erreichen" (Schöler, 2009, S. 8). Die Schule soll ein Ort sein, wo alle Kinder die Möglichkeit haben, leben und lernen zu können.

Als SHP interessieren uns vor allem die heilpädagogischen Unterstützungsmöglichkeiten und –maßnahmen, um den betroffenen Kindern gerecht zu werden und bei den Lehrpersonen Verständnis für diese Problematik zu wecken. Unser Wissen über diese Krankheit und deren Auswirkungen möchten wir mit dieser Untersuchung vertiefen und die daraus erworbenen Kenntnisse in unseren Berufsalltag einfliessen lassen.

3 Forschungsabsicht

3.1 Zielformulierung

Die erarbeiteten Theorien und Erkenntnisse zeigen auf, dass das Wissen über die Existenz dieser Krankheit der Epilepsien zwar vorhanden ist, sie aber der Gesellschaft sowie auch unter den Lehrpersonen zu wenig bewusst wahrgenommen wird. Die Auswirkungen und die daraus resultierenden möglichen Beeinträchtigungen können jedoch die schulische, soziale und die Persönlichkeitsentwicklung der betroffenen Kinder beeinflussen. Aus heilpädagogischer Sicht erachten wir es als bedeutsam, dass wir unser Wissen betreffend dieser häufig anzutreffenden Krankheit und deren Komplexität erweitern und vertiefen und somit im integrativen Unterricht vermehrt auf die individuellen Bedürfnisse der betroffenen Kinder eingehen können.

Unser Interesse gilt der Frage, ob und welche Erwartungen und Erfahrungen SHP bei der Integration von Kindern mit Epilepsie in die Regelklasse haben. Wo sehen sie Chancen bei der integrativen Schulform und wo sind der Integration aus ihrer Sicht Grenzen gesetzt.

3.2 Forschungsfrage

> Welche Erwartungen und Erfahrungen haben SHP im integrierten Schulsystem mit epilepsiekranken Kindern? Wo zeigen sich Chancen einer schulischen Integration und wo ist ihr Grenzen gesetzt?

Für die Beantwortung dieser Frage werden im Rahmen dieser Untersuchung die untenstehenden Aspekte beleuchtet:

3.3 Eingrenzung der Thematik

Für ein besseres Verständnis dieser Krankheit gegenüber, werden wir im Theorieteil einen Überblick über das Krankheitsbild der Epilepsie, welche wir für unsere Untersuchung als wesentlich erachten, geben. Ebenfalls werden wir darauf eingehen, was die Diagnose Epilepsie für die Betroffenen bedeutet und welche Auswirkungen und Beeinträchtigungen es für das Kind mit sich zieht. Da es sich bei den Epilepsien um eine extrem heterogene Gruppe von Erkrankungen handelt und jeder einzelne Anfall bei den jeweiligen Betroffenen anders aussehen kann, werden wir im Forschungsteil keine spezifische Form von Epilepsien bevorzugen. Im Alter zwischen 5-12 Jahren treten die verschiedensten Formen der Epilepsie auf. Die Untersuchung jeder einzelnen Form würde den Rahmen dieser Untersuchung sprengen.

Im Hinblick auf die schulische Integration setzen wir unser Forschungsinteresse auf das Setting der integrativen Schulungsform in der Regelklasse. Diese Schulform ist für die Bildungslandschaft Schweiz zukunftsweisend und für die im ISF tätigen SHP, aber auch für die interdisziplinäre Zusammenarbeit von zentraler Bedeutung. Dabei interessiert uns der Ist-Zustand. Werden Kinder mit Epilepsie aktuell in die Schule integriert und wie ist der Wissenstand der Lehrpersonen betreffend dieser Krankheit? Welche Faktoren sind Voraussetzung für eine unterstützende und gelingende Integration? In welchen schulischen Bereichen bieten sich Chancen an und wo ist dem integrativen System Grenzen gesetzt. Betreffend Schulstufe beschränken wir uns auf die Kindergarten-, Primar-und/oder Oberstufe.

4 Theorieteil

Im folgenden Kapitel werden für die Untersuchung relevante theoretische Aspekte näher bestimmt. Es handelt sich dabei um die Begriffe Epilepsie und Integration. Am Schluss des Theorieteils werden die beiden Inhalte in Beziehung gebracht und unter dem Abschnitt Epilepsie und Schule zusammengefasst und erläutert.

"Epilepsy is one of the world's oldest recognized conditions. Fear, misunderstanding, discrimination and social stigma have surrounded epilepsy for centuries. Some of the stigma continues today in many countries and can impact the quality of life for people with the disorders and their families" (WHO / Epilepsy, 2009).

4.1 Geschichte der Epilepsie

Kaum eine andere Krankheit kann in der Geschichte so weit zurückverfolgt werden, wie die der Epilepsie. Schon in den frühestens schriftlichen Zeugnissen aus der Zeit der Hochkulturen, wie zum Beispiel bei den alten Ägyptern, wurde diese Krankheit erwähnt. Ebenfalls hat kaum eine andere Krankheit so viele Namen erhalten wie sie. Diese Namen gaben jedoch kaum Aufschluss über den medizinischen Wissensstand der jeweiligen Zeit. Vielmehr zeigten sie die soziale Einstellung gegenüber der Krankheit und den Menschen auf, die an ihr litten. Meist wurde die Krankheit Epilepsie mit den Bezeichnungen „heilig" und „göttlich" in Zusammenhang gebracht. Dies verdeutlicht, dass sich die Menschen, die ungewöhnliche Krankheit nicht erklären konnten und sie deshalb in den Bereich des Mystischen und Göttlichen verwiesen. Aufgrund der zum Teil unbekannten Erscheinungsformen mit beängstigten Symptomen wurde Epilepsie auch lange dämonisiert und deren Erforschung sogar behindert. Der Grieche Hippokrates (460-377 v. Chr.) erkannte bereits, dass Epilepsien auf einer Störung des Gehirns beruhen und bezeichnete sie nicht weniger heilbar als andere. Aber erst im 19. Jahrhundert setzte sich diese Überzeugung durch. Mehr als heute hat die Krankheit bereits damals die Patienten selbst, aber vor allem Ärzte und die Gesellschaft in hohem Mass beschäftigt. Die Ursachen wurden je nach Epoche und vorherrschendem Medizinkonzept und je nach Religion verschieden gesehen. Dies übertrug sich auch auf die Behandlungsmethoden (Schneble, 2003, S. 10ff). Diesen historisch-gesellschaftlichen Aspekten des sozialen Umgangs mit epilepsiekranken Menschen schliesst sich Schöler (2009, S. 15ff) in ihren Ausführungen an.

Noch in der heutigen Zeit umgibt die Krankheit Epilepsie ein Hauch des Unerklärlichen und Unheimlichen und weckt unbegründete Ängste und Vorurteile im Menschen.

Neben dem geschichtlichen Rückblick findet das Krankheitsbild der Epilepsie auch in der Literatur Beachtung. Diese sagenumworbene, geheimnisvolle Krankheit gab vielen Schriftstellern Stoff für eindrückliche Schilderungen. Bei Fjodor Dostojewskij, der selber an Epilepsie litt, spielen Epilepsiemotive in seinen Romanen (z.B. der Idiot) eine grosse Rolle. Auch Thomas Mann (Bekenntnisse des Hochstaplers Felix Krull, Buddenbrooks), Agatha Christie (Mord auf dem Golfplatz) oder Heinrich Böll (Ansichten eines Clowns) nahmen sich dieser Thematik an. Künstler der verschiedenen Epochen und Kulturen wählten die Epilepsie als Motiv für Bilder und Skulpturen. Selbst in der heutigen Zeit, findet diese Krankheit anhaltendes Interesse (LEB, 2008, S. 152ff).

Der Lebenslauf hochbegabter und berühmter Persönlichkeiten, wie Sokrates, Julius Cäsar, Alexander der Grosse, Georg Friedrich Händel, Niccolo Paganini, Alfred Nobel, van Gogh und Lenin, die an Epilepsie gelitten haben, bestätigen die heutige wissenschaftliche Erkenntnis, dass Epilepsie keine Geisteskrankheit ist.

4.2 Medizinische Aspekte der Epilepsie

In diesem Kapitel wird die Krankheit aus medizinischer Sicht beleuchtet. Es wird aufgezeigt, welche Faktoren zu einer Epilepsie führen und welche körperlichen Reaktionen daraus resultieren. Ebenfalls werden die häufigsten Anfallsarten, welche das Kind im Schulalter treffen könnten, vorgestellt.

20 Milliarden Nervenzellen sorgen durch ein geregeltes Zusammenwirken dafür, dass wir in der Lage sind zu denken, Gefühle wahrzunehmen und uns zielgerichtet zu bewegen. Zudem können wir Reize wie Licht, Töne, Wärme oder Kälte aufnehmen. Ist das Zusammenwirken der Nervenzellen gestört, kann es zu epileptischen Anfällen kommen (LEB, 2008, S. 2). „Der Begriff „Epilepsie" stammt aus dem Griechischen. „Epilepsia" bedeutet Fallsucht" (Rilling, 1975 in Hofstetter 2003, S. 102). Sälke-Kellermann (2009, S. 23) beschreibt dies folgendermassen: „Epilepsie bedeutet aber auch „ergriffen" oder „gepackt" sein. Damit kommt zum Ausdruck, dass dem betroffenen Menschen „etwas passiert", was er nicht selber steuern kann". Nach Schneble (2003, S. 15) sind Epilepsien eine Erkrankung des zentralen Nervensystems und äussern sich durch Phänomene des motorischen, sensiblen, sensorischen, vegetativen und psychischen Bereichs in unterschiedlicher Kombination. Wie jede andere Hirnschädigung kann sie körperliche, geistige und seelische Einschränkungen (neuropsychologische Störungen) verursachen. Diese Erkrankung äussert sich in epileptischen Anfällen, die auf abnorme elektronische Entladungen der Nervenzellen zurückzuführen sind. Epileptische „Anfälle sind Ausdruck einer vorübergehenden Funktionsstörung von Nervenzellen, wobei die Auswirkungen davon abhängen, welche Funktion die beteiligten Nervenzellen

normalerweise haben" (Krämer, 1998, S. 14). Sind die Zellen zum Beispiel für das Gedächtnis verantwortlich, kann es zu Störungen des Lernens und gegebenenfalls auch zu einer Unterbrechung des Bewusstseins mit hinterher bestehender Erinnerungslücke kommen. Das heisst, bei Anfällen geht die Kontrolle über gewisse Körperfunktionen vorübergehend verloren. Eine weitere Definition von Epilepsie (Puckhaber, 2006, S. 9): „Epilepsie ist eine chronische Erkrankung mit wiedeholten anfallsartigen Krampferscheinungen aufgrund fehlerhafter synchronischer bioelektrischer Entladungen der Nervenzellen, welche unabhängig von akuten oder subakuten Erkrankungen erfolgen". Ein epileptischer Anfall ist ein Krankheitssymptom und keine Krankheit und ein einzelner Anfall muss nicht der Beginn eine Epilepsie sein. Gelegenheitsanfälle sind vorübergehende Funktionsstörungen. So muss von vornherein zwischen epileptischem Anfall und der Epilepsie unterschieden werden. Von einer Epilepsie spricht man erst nach mehreren spontan auftretenden Anfällen ohne erkennbare Ursache und Auslöser (Krämer, 1998, S. 17). Man weiss heute, dass etwa 5-10% (SVEEK, 1995, S. 10) aller Menschen in ihrem Leben einen epileptischen Anfall haben, ohne dass man bei ihnen von einer Epilepsieerkrankung sprechen kann. Nur bei etwa jedem zehnten dieser Menschen (nahezu 1 Prozent der Bevölkerung) führen die Anfälle zu einer Epilepsie.

Es gibt keine weltweiten unterschiedlichen Häufigkeiten, da es keine klimatischen oder herkunftsorientierte Unterschiede gibt. Die Verlaufsformen der Epilepsie können sehr unterschiedlich sein und es gibt darum kein typisches Krankheitsbild. Epilepsien müssen daher sehr individuell betrachtet werden. In der Fachliteratur werden über 80 Formen der Epilepsie beschrieben. Vor allem bei Kindern muss dieser Tatsache Beachtung geschenkt werden, um ihre ganz spezifischen Fähigkeiten und Schwierigkeiten zu verstehen (Lengert in Schöler, 1999, S. 178). Bei Kindern wächst die Epilepsie mit, kann sich verändern und ist daher weniger leicht klassifizierbar. Das heisst, so wie jedes Kind unterschiedlich in seiner Entwicklung ist, so unterschiedlich sind bei jedem Kind der Verlauf und die Auswirkungen der Krankheit.

Der Begriff Epilepsie ist nur ein Oberbegriff. Man spricht von Epilepsien, die in unterschiedliche Epilepsie-Syndrome eingeteilt werden. Die Einteilung ist für die Prognose, den Verlauf, die Therapiemöglichkeiten und den Umgang mit der Epilepsie wichtig (Schneble, 2003, S. 16).

Das Entstehen der Epilepsien kann durch verschiedenste Faktoren begünstigt werden. Ebenfalls können, je nach Epilepsiesyndrom, die Anfälle sehr verschieden aussehen und ablaufen.

4.3 Klassifikation und Ursachen der Krankheit

Gemäss der WHO mit Sitz in Genf, wird die Epilepsie in folgendermassen klassifiziert: *Classification of Mental and Behavioural Disorders, ICD-10*. Die Internationale League Against Epilepsy (ILAE) teilt die Epilepsie nach ihrer Ursache und nach ihrem Erscheinungsbild ein.

4.3.1 Einteilung bezüglich der Ursache

Die Ursachen, welche durch die Funktionsstörungen der Nervenzellen hervorgerufen werden, können sehr verschieden sein. Zu den zwei Wichtigsten gehören eine angeborene Bereitschaft (innere, endogene Veranlagung) eine sogenannte Disposition (ca. 7%), sowie eine erworbenen Hirnschädigung (äussere, erworbene exogene Auslösung) wie die Erkrankung der Mutter während der Schwangerschaft, Geburtsschäden, Stoffwechselerkrankungen, Schädelhirnverletzungen, Hirnhautentzündung, Blutungen, Vergiftungen usw. Epilepsie ist aber grundsätzlich keine Erbkrankheit, allenfalls eine erworbene Veranlagung, welche die Krankheit begünstigt. 75% aller Epilepsien werden vor dem 20. Lebensjahr diagnostiziert. Trotz aller medizinischen Fortschritte und vielfältigen Untersuchungsmöglichkeiten bleiben die Ursachen auch heute noch häufig unbekannt. So ist bei etwa 60-70% aller Epilepsien keine klar erkennbare Grundkrankheit ersichtlich. Jedoch weiss man heute, dass bei den meisten Menschen nicht ein fortschreitendes Hirnleiden besteht, sondern eine längst abgelaufene Hirnschädigung für das Auftreten von Anfällen verantwortlich gemacht werden kann. Sind die Ursachen nicht bekannt, spricht am von einer **idiopathischen Epilepsie**. Sind die Ursachen bekannt, handelt es sich um eine **symptomatische Epilepsie**. Bei dieser Form der Epilepsie geht man von einem Zusammenspiel der drei wichtigsten Faktorengruppen aus, welche das Entstehen eines Anfalls begünstigt (Puckhaber, 2006, S. 15).

- Krampfbereitschaft → Disposition
- Organische Hirnschädigung → Tumor, Narbe usw.
- Krampfauslösende Faktoren → unregelmässiger Schlaf-/Wachrhythmus, Sinnesreize, Fieber, geistige und körperliche Überbelastung, seelische Belastung

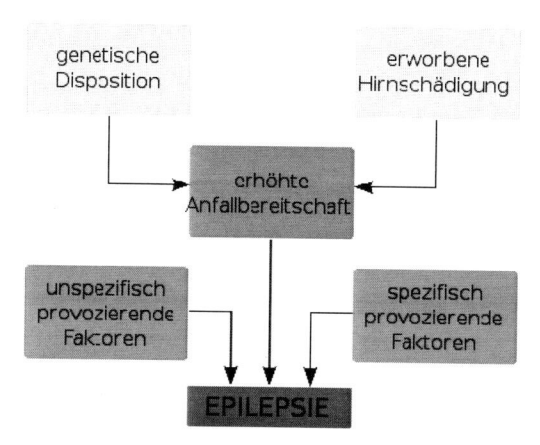

Abb. 1: Epilepsie. Quelle: Wikipedia [2010]

4.3.2 Einteilung bezüglich des Erscheinungsbildes

Die Klassifizierung der Epilepsien kann entweder nach den verschiedenen Epilepsieformen oder nach dem Anfallsformen, dem Erscheinungsbild vorgenommen werden. Im Umgang mit den Kindern bietet sich die Einteilung nach Erscheinungsbild an. Es wird zwischen den generalisierten, den fokalen und den nicht klassifizierbaren Epilepsien unterschieden.

Generalisiert und fokal sagen nichts über die Schwere und den Ablauf des jeweiligen Anfalls aus. „Generalisiert" und „Fokal" beziehen sich ausschliesslich auf den Beginn des Anfalles. Ein fokaler Anfall kann sich auch auf das gesamte Gehirn ausbreiten. Das nennt man „sekundäre Generalisierung" (Altrup und Specht in LEB, 2008, S. 20).

4.3.2.1 Generalisierende Epilepsien

Bei generalisierten Epilepsien sind von Anfang an beide Hälften des Gehirns betroffen. Das EEG zeigt an, dass die elektrischen abnormen Entladungsaktivitäten über das ganze Gehirn oder über bestimmte Regionen beider Hirnhälften stattfinden. Gleichzeitig können sich am ganzen Körper oder auf beiden Körperseiten gleichartige motorische Symptome zeigen oder auch Bewusstseinsstörungen festgestellt werden. Je nach einbezogenen Hirnstrukturen gibt es verschiedene Ausprägungsformen der Epilepsien-Symptomatik.

Grand Mal Anfall

Der Grand Mal Anfall ist die bekannteste, jedoch nicht die häufigste Anfallsform und prägt in unserer Gesellschaft das Bild der Epilepsie. Der Anfall läuft in drei Stadien ab, dauert ca. fünf Minuten und hört in der Regel von alleine auf. Während der Zeit des Anfalls besteht beim Patienten eine Erinnerungslücke (Amnesie).

> - Tonisches Stadium: Kranke fällt zu Boden, Muskel versteifen sich, Augen verdrehen sich, Gesicht verfärbt und verzerrt sich, Bewusstlosigkeit und Atemstillstand tritt ein, die Haut verfärbt sich blau.
> - Klonisches Stadium: Stossweise Zuckungen der Gliedmassen, Schaum vor dem Mund, gelegentlich kommt es zu Harn-, seltener zu Stuhlabgang.
> - Postikales Stadium: Erschöpfungsphase mit mehrstündiger Nachschlaf, Orientierungslosigkeit, evtl. starkes Erbrechen.

Ein Grand Mal Anfall kann sich bei manchen Patienten schon Tage oder Stunden vorher ankündigen, Diese Vorzeichen (Prodromi) äussern sich durch Reizbarkeit und Verstimmtheit, Spannungszustände oder Depressionen. Vorboten, eine sogenannte „Aura", treten meist erst kurz vor dem Anfall auf. Sie äussern sich durch Übelkeit, Schwindel oder Angstgefühle (Schneble, 2003, S. 25). Kribbelgefühle, welche sich auf den ganzen Körper ausweiten, können ebenfalls Vorzeichen für den Beginn eines Anfalls sein.

Status epilepticus

Als *Status epilepticus* bezeichnet man entweder einen einzelnen Anfall, der ungewöhnlich lange anhält (länger als 15 Minuten) oder wiederholende Anfälle ohne Erholung und Bewusstseinserlangung. Die Auslösefaktoren sind ähnlich wie bei gewöhnlichen Anfällen, werden jedoch durch das Auftreten mehrerer Symptome gleichzeitig begünstigt. Der Status eptilepticus ist immer eine Notfallsituation und bedarf sofortiger intensiver ärztlicher Betreuung, da es durch einen langandauernden Sauerstoff- und Nährstoffmangel des Gehirns zu schweren Hirnschädigungen kommen kann.

Petit Mal Anfall

Dieser Anfall ist in der Ausprägungsform weniger dramatisch, ist oft unauffällig und wird deshalb meist nicht als Epilepsie angesehen. So werden die Anfälle häufig übersehen, mit zeitlicher Verzögerung diagnostiziert und zuerst falsch behandelt. Häufigste Formen im Schulalter sind:

Absencen

Absencen werden als Pyknolepsie oder Petit Mal bezeichnet. Die Prevalenz beträgt ca. 10% aller kindlichen Epilepsieformen (Kovacevic-Preradovic, 2006). Die Absencen sind Epilepsien, die vorwiegend bei gesunden Kindern im Alter zwischen 2 und 10 Jahren beobachtet werden. Die Diagnose wird anhand einer differenzierten Anamnese und eines typischen EEG gestellt, die Prognose ist gut. Trotzdem können Grand Mal Anfälle vor, während und nach der Therapie zusätzlich auftreten.

Absencen sind kurze Bewusstseinsstörungen von 5-20 Sekunden. Sie äussern sich durch eine kurze Abwesenheit mit fehlender Ansprechbarkeit und Erinnerungslücke der Betroffenen. Das Kind hält abrupt inne, der Blick wird leer, der Kopf kann zurückgeneigt sein, (Hans-Guck-in-die-Luft) die Augenlider und Mundwinkel zucken leicht. Sie können begleitet sein durch Bewegungen oder Handlungen, die unwillkürlich ablaufen, z. B. Kau-, Schluck- oder Schmatzbewegungen oder auch Nestelbewegungen mit den Händen. Nach der Bewusstseinspause wird die Tätigkeit ohne Übergang wieder aufgenommen, als ob nichts gewesen wäre. Bei den Schulkindern sind serienhafte Absencen häufig. Sie werden von ängstlichen Gefühlen und Emotionen provoziert und treten öfters bei Klassenarbeiten auf, jedoch seltener bei ruhigen Aufgabenstellungen. In Schriftbildern können Absencen sichtbar werden (z. B. Ausrutschen des Stiftes oder Auslassungen von Buchstaben oder Wörtern). Dies können wichtige Hinweise für Lehrpersonen sein (Schöler, 2009, S. 24). Während dem Anfall ist das Erinnerungsvermögen unterbrochen: Die Kinder selber wissen im Nachhinein von den Anfällen nichts (Kovacevic-Preradovic, 2006).

Die Absencen sind nicht lebensbedrohend, beeinträchtigen aber häufig die Schulleistungen. Zu Unrecht werden die betroffenen Kinder als verträumt oder unaufmerksam bezeichnet und „abgestempelt". Ebenfalls vermögen sie zu Spott bei Schulkameraden und zu Unfällen führen. Kognitive Funktionen können bereits durch kurze generalisierte Anfälle beeinträchtigt werden (Kovacevic-Preradovic, 2006). Es ist deshalb wichtig, dass die Anfälle als solche erkannt werden, die Lehrpersonen mit dem Erscheinungsbild von Absencen vertraut sind und die damit verbundenen Verhaltensweisen der Kinder während dem Unterricht berücksichtigen.

Mykolonische Anfälle → Zuckungen im Schultergürtelbereich, meist im Jugendalter

Mykolonisch astasische Anfälle → Epilepsieform bei Klein- und Kindergartenkindern, gekennzeichnet durch Einknicken in den Knien, Stürze und anschliessende vereinzelte Zuckungen.

4.3.2.2 Einfach fokale Anfälle

Im Gegensatz zu den generalisierenden Anfällen finden die abnormen Entladungen in einem mehr oder weniger eingrenzenden Areal (Herd) statt und bereitet sich von dort aus. Da der „Herd" bei der einzelnen betroffenen Person meistens an einer bestimmten Stelle im Hirn sitzt, zeigen sich die Anfälle bei der einzelnen Person gleichförmig. Je nach betroffener Hirnregion können sie sich ganz unterschiedlich zeigen. Die Erscheinungsformen werden unterteilt in:

Motorisch → Bewegung in einzelnen Muskelgruppen, sog. Muskelzuckungen

Sensorisch → Sinneswahrnehmungen ohne reale Entsprechung, optische oder akustische Halluzinationen, verändertes Raum- oder Zeitempfinden

Sensible → Gefühlswahrnehmungen, wie Kribbeln, Taubheits- oder Wärmegefühl, die keinem äusseren Reiz entsprechen

Vegetative → Herzrasen, Schwitzen, komisches Gefühl im Oberbauch, Druckgefühl in der Brust, Erbrechen, Blässe oder Errötung

Psychische → Angstgefühle, Aggression, Trauer, Stimmungsschwankungen, Denkstörungen

Das EEG kann während dem Anfall die betroffene Area lokalisieren und aufzeigen. Die ersten Anfallssymptome eines fokalen Anfalls sollten genau beobachtet werden, um Hinweise auf den Herd zu erhalten. Das Kind ist beim Auftreten des Anfalls bei Bewusstsein, kann aber oft nicht mündlich reagieren, da das Sprachzentrum oft parallel betroffen ist. Auch die Bewegungen und Empfindungen sind nicht mehr kontrollierbar. Dadurch ist die psychische Belastung der Betroffenen oft grösser als bei generalisierten Anfällen, die sich dem Erleben entziehen. Das Verhalten wird von der Umgebung aufgrund von Unwissen oft missgedeutet.

4.3.2.3 Komplex fokale Anfälle

Bei den komplex fokalen Anfällen sind meist mehrere Hirnbereiche betroffen und das Bewusstsein ist eingeschränkt. Dies führt dazu, dass die Betroffenen auf Ansprache oder andere äussere Reize nicht mehr angemessen reagieren (Krämer, 1998. S. 47). Dadurch kann es zu Reaktionen kommen, welche für Aussenstehende nicht als Anfall erkennbar sind und als Verhaltensauffälligkeiten fehlgedeutet werden. Das veränderte und auffällige Verhalten ist nicht kontrollierbar. Einige der ungesteuerten Verhaltensweisen (auf die Strasse laufen, Hantieren mit gefährlichen Gegenständen u.ä.) können den Betroffenen leicht in riskante Situationen bringen. Ein solcher Anfall kann bis zu fünf Minuten dauern, endet meist nicht abrupt, sondern klingt langsam aus. Häufig fehlt nach dem Anfall dem Kind die Orientierung und es fühlt sich müde. Meist werden die Handlungen, welche vor dem Anfall begonnen wurden, einfach wieder fortgesetzt (Schöler, 2009, S. 26). Von einer Einschränkung des Bewusstseins spricht man, wenn die Reaktion auf Aussenreize herabgesetzt ist und/oder wenn die Betroffenen keine Erinnerungen mehr an die Ereignisse des Anfalls haben. Manchmal folgen Automatismen, so genannte automatisch ablaufende Bewegungsmuster wie Abwehrreaktionen, Mundbewegung im Bereich Nahrungsaufnahme, szenische Abläufe wie Ausziehen in der Öffentlichkeit und mechanische Handlungen (Schneble, 2003, S. 31).

Insbesondere bei fokalen Epilepsien finden sich nicht selten zusätzliche Störungen, die auf eine zugrundeliegende Hirnschädigung zurückzuführen sind. Hierzu gehören:

- motorische Störungen wie Muskelschwäche
- psychomotorische Störungen wie Augen-Hand-Koordination
- neuropsychologische Defizite wie Störungen der verbalen oder optischen Merkfähigkeit
- hirnorganische Psychosyndrome wie Schwäche in der Planungsfähigkeit oder affektiven Steuerungsfähigkeit

Diese Störungen müssen, sofern sie vorhanden sind, berücksichtigt werden. Sie dürfen aber keinesfalls aufgrund der Diagnose einer Epilepsie als gegeben angenommen werden (Elsner, 2002).

4.4 Diagnose und Untersuchungsmethoden der Epilepsie

Die Diagnose einer chronischen Krankheit wie die der Epilepsie bedeutet in den meisten Fällen eine schwere Belastung für den Patienten und die Familie. Es kommt immer wieder zu familiären Krisen, zu ungünstigen Reaktionen auf die Behinderung im Sinne überbehütender oder überforderter Erziehung, Schuldgefühlen, Schock, aber auch Trauer, Angst und Ungewissheit. Die Diagnose Epilepsie ist auch heute noch negativ stigmatisiert und führt neben psychischen und sozialen Problemen immer wieder die Fragen nach körperlichen Einschränkungen bei Spiel und Sport, nach der Berufswahl u. ä. auf. Diese Problematik entsteht vor allem deshalb, weil in unserer Leistungs- und Konkurrenzgesellschaft nur der bestehen kann, der nicht krank oder behindert, sondern möglichst uneingeschränkt belastbar ist (LEB, 2008, S. 48). Umso wichtiger sind ein genaues und sorgfältig durchgeführtes Diagnoseverfahren und eine optimale Therapie. Für beides sind ausschliesslich Fachärzte – Neurologen und Epileptologen – qualifiziert.

Untersuchungsmethoden → Für eine Einschätzung der Gesamterkrankung, um den Patienten genau kennen zu lernen und um mögliche Nebenwirkungen beobachten zu können, ist zu Beginn einer Erkrankung eine **stationäre Behandlung** (Epilepsieklinik Zürich) oft notwendig. Ein interdisziplinäres Team aus Ärzten, Krankenschwestern, Physiotherapeuten und Pädagogen kann dadurch einen direkten und genauen Einblick in die Möglichkeiten des Kindes bekommen.

Die Grundlage der Diagnose überhaupt bildete die detaillierte **Anamnese** des Patienten. In den meisten Fällen kann bereits durch eine detaillierte Anamnese die Art der Anfälle und die vermutliche Einordnung getroffen werden.

Die **Hirnstromuntersuchung (EEG)** gibt Aufschluss über die Tätigkeit des Gehirns. Es zeichnet die Hirnströme auf. In gesundem Zustand wechseln positive und negative Ladungen in gleichmässigem Rhythmus. Bei Anfällen ist dieser Rhythmus gestört, es werden so genannte Krampfströme registriert. Da das Gehirn zu unterschiedlichen Zeiten unterschiedlich reagiert, werden verschiedene EEG durchgeführt: Standard-EEG, Video-EEG, Schlaf-EEG.

Das EEG kann teilweise Erklärungen über Leistungsschwankungen und Leistungsbeeinträchtigungen geben, jedoch sagt es nichts über die Intelligenz der untersuchten Person aus.

4.5 Behandlung und Therapie

Epilepsien sind nicht heilbar und begleiten die Betroffenen meist ein Leben lang. Die Phase der Therapiefindung ist oft mit einer Belastung für das Kind und die Familie gekoppelt, vor allem bei komplizierten Epilepsien, bei denen nicht sofort Anfallsfreiheit erreicht wird. Hoffnung ist gepaart mit Furcht vor Versagen der Medikamente: ein Wechselbad der Gefühle. In der Schule kommt diese Phase teilweise mit Verhaltens- und auch Schriftbildveränderungen zum Tragen.

Ist die Epilepsie durch ein sorgfältig durchgeführtes Diagnoseverfahren gesichert, sollte möglichst schnell mit einer anti-epileptischen Behandlung begonnen werden, denn das Hauptziel der Behandlungen anfallskranker Kinder ist die Kontrolle der Anfälle. Gründe dafür sind:

- Verhindern weiterer Anfälle – Gefahr des Status eptilepticus
- Vermeidung der Verletzungsgefahr
- Beeinträchtigung der kindlichen Entwicklung im intellektuellen, psychosozialen, emotionalen und/oder körperlichen Bereich zu verringern

Bei Kindern soll die Therapie darüber hinaus eine unbeeinträchtigte Entwicklung gewährleistet werden. Es soll eine Lebensform ermöglicht werden, die den individuellen Fähigkeiten und Begabungen gerecht wird dabei wird zwischen einer Akutbehandlung eines epileptischen Anfalls und der Dauerbehandlung zu unterschieden. Sind die Ursachen der epileptischen Krankheit bekannt und behandelbar, wie ein Hirntumor oder Hirnabszess, werden diese behandelt.

4.5.1 Medikamentöse Therapie

Fast immer erfolgt die Therapie einer Epilepsie medikamentös mit *Antikonklusiva* (Antieptileptika). Die Medikamente verhindern die Ausbreitung epileptischer Entladungen, das heisst, die Anfälle werden unterdrückt. Die Dosierung wird individuell auf den einzelnen Patienten abgestimmt. Eine genaue medizinische Untersuchung und Beratung ist notwendig. Das Ziel ist, Anfallsfreiheit bei möglichst wenigen Nebenwirkungen zu erreichen. Eine rasche Einleitung ist wichtig, da jeder Anfall den nächsten bahnt, aber trotz dessen ist eine genaue Kenntnis der vorliegenden Anfallsform die Grundlage jeglicher Medikamentierung. Bei 60-70% der Patienten lässt sich eine Anfallsfreiheit bei optimaler Behandlungsführung und bei guter Mitarbeit des Patienten erreichen (SVEEK, 1995, S. 9). Die Absetzung der Medikamente ist frühestens nach zwei bis drei anfallsfreien Jahren möglich und soll möglichst langsam erfolgen, um allfällige Rückfälle zu vermeiden. Ebenfalls darf sie nur unter ärztlicher Kontrolle durchgeführt werden.

4.5.2 Nebenwirkungen

Der regelmässigen Einnahme der Medikamente kommt eine grosse Bedeutung zu. Nur durch eine regelmässige Versorgung des Gehirns mit anfallshemmenden Wirkstoffen kann ein grösstmöglicher Schutz vor Anfällen gewährleistet werden. Leider ist auch heute noch die medikamentöse Therapie mit Nebenwirkungen verschiedenster Ausprägung verbunden. *„Sie betreffen vorwiegend den Bereich der Lebensqualität ... Nebenwirkungen sind einerseits abhängig vom Wirkstoff und andererseits von der Dosis. Sie können vorübergehend sein, müssen jedoch immer ernst genommen werden"* (Schöler, 2009, S. 28). Im schlimmsten Fall kann sie sogar eine zusätzliche Behinderung nach sich ziehen (Elsner, 2002). In der Schule können bei Kindern vor allem folgende Nebenwirkungen auftreten:

- ➢ Kognitive Auswirkungen: → Aufmerksamkeits- und Konzentrationsschwankungen, Ermüdbarkeit und Verlangsamungen
- ➢ Neurologische Auswirkungen: → Bewegungsstörungen, veränderte Muskelspannung, vermehrter Schluckauf, Sehstörungen, verwaschene Sprache

- Emotionale Auswirkungen: → Stimmungsschwankungen, aggressives Verhalten, Reizbarkeit, veränderte Stimmungslage
- Körperliche Auswirkungen: →Übelkeit, Erbrechen, Gewichtsveränderungen, Haarausfall, Hautausschläge

Kassebrock (1990, S. 18) empfiehlt darum, dass in jedem Einzelfall durch den behandelnden Arzt zu prüfen sei, ob Lern- oder Verhaltensschwierigkeiten eine Folge von medikamentöser Nebenwirkung sein könnte, da das betroffene Kind durch ängstliche Reaktionen seiner Umgebung und durch den Ausschluss zahlreicher Erfahrungen eine tiefgreifende Verunsicherung erfährt.

Dank der ständigen Forschung und Weiterentwicklung der Pharmaunternehmen können heute neue Medikamente eingesetzt werden, welche die Nebenwirkungen positiv beeinflussen.

Neben der medikamentösen Behandlung, die immer eine Langzeittherapie ist, können auch sogenannte ergänzende Therapiemöglichkeiten eingesetzt werden.

- Komplementäre – ergänzende Therapie → Verhaltens- und Psychotherapien, EEG-Biofeedback u. a.

Die bisherigen Erfahrungen zeigen auf, dass diese genannten Therapien jedoch keine Alternativen zur medikamentösen Behandlung darstellen, sondern nur als ergänzende Methoden angewendet werden können. In der Fachwelt ist man sich einig, dass die Medikamententherapie auch weiterhin die wichtigste Behandlungsart ist.

- Epilepsiechirurgie → In Einzelfällen kommt heute vermehrt, dank verbesserter diagnostischer neurologischer Techniken, eine Operation als Heilmethode in Frage. Diese Möglichkeit ergibt sich jedoch nur bei den fokalen Epilepsien.

Einpflanzung eines elektrischen Geräts, welches einen bestimmten Nerv stimuliert und so eine Herabsetzung der Anfallsbereitschaft und –häufigkeit bewirkt.

4.5.3 Prognose

Mit Hilfe dieser verschiedenen Therapien können ca. 50-70% der Kinder dauerhaft anfallsfrei werden, 30-45% haben nur noch gelegentlich einen Anfall. Dabei haben Kinder mit einem Erkrankungsalter zwischen einem und zehn Jahren die grösste statistische Wahrscheinlichkeit, anfallsfrei zu werden. Jedoch können bei ca. 5% der Fälle bis heute die Krankheit nicht positiv beeinflusst werden (SVEEK, 1995, S. 10).

4.5.4 Geregelte Lebensführung

Unerlässlich für alle Epilepsien ist die geregelte, gleichmässige, strukturierte Lebensführung mit geregeltem, genügendem Schlaf und geregelter, pünktlicher Einnahme der Medikamente wie Kontrolle beim Epileptologen. Wichtig ist auch das Vermeiden von Provokationsmassnahmen wie flackerndes Licht, Stress..., welche das Auftreten von epileptischen Anfällen begünstigen kann.

4.6 Neuropsychologische Diagnostik

Dieses Kapitel beschreibt die Bedeutung der neuropsychologischen Diagnostik. Anhand von psychologischen Testverfahren können Rückschlüsse, welche zu mögliche kognitiven Beeinträchtigungen und Teilleistungsschwächen führen, gezogen werden.

Mit Hilfe der Neuropsychologie versucht man, den Beziehungen zwischen dem zentralen Nervensystem (Gehirn) und den geistigen und psychischen Funktionen nachzugehen (SVEEK, 1995, S. 43). Die neuropsychologische Diagnostik erlaubt es, Risikofaktoren zu erfassen, welche Integrität oder Beeinträchtigung der Entwicklung kognitiver Funktionen beeinflussen. Die psychologischen Tests dienen der Erfassung von Lern- und Gedächtnisfunktionen und von Denk- und Wahrnehmungsprozessen. Bei den Tests handelt es sich um eine psychologische Testuntersuchung, ähnlich der schulpsychologischen Untersuchung, aber unterschiedlich in der Art der Betrachtungsweise und der Interpretation. So versucht man mögliche Hirnfunktionsstörungen, Teilleistungsschwächen, Verhaltensstörungen und deren Auswirkungen auf die Schule zu erfassen. Durch eine Erfassung können gezielte therapeutische Massnahmen geplant, aufgegleist und vorbeugende Massnahmen getroffen werden (SVEEK, 1995, S. 43).

Unser Gehirn funktioniert asymmetrisch. Bei den meisten Menschen arbeitet die linke Hirnhälfte logisch-analytisch und ist für die Sprache zuständig. Die rechte Seite des Gehirns ist für die visuell-räumliche Wahrnehmung zuständig und arbeitet ganzheitlich-synthetisch. Die Stirnhirnlappen sind mehrheitlich für das Denken und Handeln zuständig, die Schläfenlappen für das Lernen und das Gedächtnis, die Scheitel- oder Hinterhauptlappen für die Wahrnehmung. Trotz all dieser funktionalen Spezialisierungen ist immer das ganze Gehirn mit unterschiedlichen Schwerpunkten und in unterschiedlicher Art aktiv. Eine Störung eines Teiles beeinträchtigt somit die Funktion als Ganzes. (ebd.).

LEB (2008, S. 38) weist im Zusammenhang mit diesem Testerfahren darauf hin, dass die Ergebnisse einer psychologischen und neurologischen Diagnostik immer im Kontext von medizinischer Behandlung, Gesamtpersönlichkeit des Kindes, familiärem und schulischem Umfeld gesehen werden muss.

Diese Ansicht konkretisiert Kassebrock (1990, S. 13) und schreibt „ Entwicklungsdiagnostik umfasst nicht allein kognitive, emotionale und soziale Fähigkeiten, sondern auch den Entwicklungsstand motorischer und sensorischer Fähigkeiten sowie das engere und weitere soziale Umfeld des Kindes. Entwicklungsstörungen und Entwicklungsmöglichkeiten lassen sich nur dann adäquant abschätzen, wenn in ganzheitlicher Sichtweise organische, soziale und psychische Faktoren aufeinander bezogen werden".

Weitere Aufgaben der Neuropsychologie betreffen auch die kurz-, mittel- und langfristigen psychosozialen Folgen, die eine chronische Erkrankung wie Epilepsie auf das Leben der Betroffenen hat.

4.7 Psychosoziale Aspekte

In diesem Kapitel wird aufgezeigt, wie das Unverständnis der Umwelt die Reaktionen und das Verhalten des Kindes beeinflusst. Diese Reaktionen haben Einfluss auf die psychische, soziale und kognitive Entwicklung des Kindes.

Die psychosozialen Faktoren umfassen die Art der Krankheitsverarbeitung, den Verlauf der Persönlichkeitsentwicklung und den Grad der sozialen Integration. Die Auswirkungen der anti-eptileptischen Therapien zeigen sich in den spezifischen Nebenwirkungen der jeweiligen Medikamenten bzw. deren Kombination und Dosis.

Wenn eine Epilepsie diagnostiziert wird, kommt es bei den meisten Betroffenen zu einer verständlichen Angst und Niedergeschlagenheit. Das Gefühl des ausgeliefert zu sein und die eigenen Körperreaktionen nicht mehr selber kontrollieren zu können, kann zu erheblichen seelischen Belastungen und Beeinträchtigung des Selbstwertgefühls führen (Krämer, 1998, S. 211). Jede Krankheit beinhaltet neben ihrer medizinischen Problematik auch psychosoziale Aspekte. Auswirkungen auf die seelische Befindlichkeit und das soziale Leben begleitet jede Krankheit. Dies gilt besonders für chronische Erkrankungen, aber auch für Behinderungen. Nun stellt sich die Frage, ob die Epilepsie „nur" eine chronische Erkrankung ist oder bereits als Behinderung gilt? Wenn man davon ausgeht, dass ein wesentliches Merkmal der Behinderung darin besteht, dass durch sie die Eingliederung in die Bildungssituationen wie Schulen, aber auch in die Berufs- und Arbeitswelt sowie in die gesellschaftlichen Strukturen beeinträchtig und bedroht ist, so kann bei vielen Epilepsien auch das Moment der Behinderung zugeschrieben werden. Aus dieser „Doppeleigenschaft" der Epilepsie – Krankheit *und* Behinderung, wie es Schneble (2003, S. 98) beschreibt, erwachsen zwei Ansprüche. Der

Wunsch nach Behandlung und möglicher Heilung auf der einen Seite und nach (Re-)Habilitation auf der anderen Seite.

Ob sich ein Mensch mit Epilepsie behindert fühlt oder nicht, hängt nicht nur von dem jeweiligen Epilepsiesyndrom und dem Betroffenen ab. Auch die Gesellschaft sowie die berufliche und private Umwelt sind beeinflussende Faktoren. Viele Menschen sind weniger durch ihre Krankheit behindert, sondern durch ungerechtfertigte und unberechtigte Einschränkungen, welche sie erfahren. Trotzdem kann man nicht hinwegsehen, dass es viele Menschen gibt, die sowohl eine Epilepsie als auch eine körperliche oder geistige Behinderung haben. Dieses Zusammentreffen ist deswegen nicht zufällig, da Hirnschädigungen sowohl zu Epilepsien als auch zu körperlichen und geistigen Störungen führen können, d.h. die Hirnschädigung ist Auslöser für epileptische Anfälle und/oder Behinderung.

Ob Epilepsien primär ein medizinisches-neurologisches Problem sind, kann mit einem deutlichen Ja beantwortet werden. Jedoch sind ihre Auswirkungen im psychosozialen Bereich oft schwerwiegender als die eigentliche medizinische Problematik (SVEEK, 1995, S. 11). Puckhaber (2006, S. 74) unterstützt diese Annahme und meint dazu, dass das Augenmerk neben dem Beseitigen der Symptome vor allem auf eine verantwortungsbewusste Therapie gelenkt werden muss, da die zahlreichen Schwierigkeiten, denen sich das anfallskranke Kind stellen muss, oft viel gravierender sind. Psychische Veränderungen sind im Verlauf der Krankheit sehr selten, ausschliesslich hirnorganisch bedingt. Sie müssen immer in einem Zusammenhang mit einer psychoreaktiven und milieuabhängigen Entwicklung gesehen werden. Somit verliert die rein medizinische Behandlung ihren ausschliesslichen Behandlungsanspruch (ebd.).

- Angst vor Anfällen und die Anfälle selber
- das Gefühl des Kontrollverlustes
- unangemessene Reaktionen des Umfeldes
- Einschränkungen (beruflich, sportlich, sozial)
- Einschränkungen in ihrer Eigenbestimmung und Selbstwirksamkeit
- Vorurteile, Stigmatisierung
- Ausgrenzung und Diskriminierung
- reduziertes Selbstwertgefühl
- Überbehütung
- Medikamenteneinnahme und medizinische Untersuchungen

sind nur einige Faktoren, welche die Kinder in ihrer Entwicklung beeinflussen und begleiten. Aber auch unsichere Zukunftsaussichten betreffend Berufswahl, Familie u. a. beschäftigen den Jugendlichen. Neben dem Ziel der Anfallsfreiheit nimmt die Integration der betroffenen Kinder eine zentrale Rolle ein. Ein tragfähiges Umfeld und die interdisziplinäre Zusammenarbeit aller Beteiligten sind für deren Persönlichkeitsentwicklung unerlässlich. Sie helfen ihnen, mit ihrer Krankheit zu leben und sich mit ihr auseinanderzusetzen (SVEEK, 1995, S. 11, Schöler, 2009, S. 339).

4.7.1 Soziale Situation und Teilhabe

Wie bereits erwähnt, gehen bei Epilepsien häufig neben den kognitiven Leistungsstörungen auch sozial-emotionale Beeinträchtigungen einher und es treten vermehrt Verhaltensauffälligkeiten auf. Schätzungsweise sind 30-50% aller Kinder und Jugendlichen mit einer Epilepsie verhaltensauffällig. Viele zeigen ausserdem Defizite im Sozialverhalten, nehmen eine Aussenposition ein und werden von bestimmten Aktivitäten ausgeschlossen (Sport, Treffen ausserhalb der Schule). Sie sind durchschnittlich ängstlicher und depressiver und weisen ein geringeres Selbstwertgefühl und Selbstvertrauen auf und haben oft Angst zu versagen (Schöler, 2009, S. 34). Diese Auffälligkeiten sind aber entgegen früherer Annahmen kein Ausdruck „typisch epileptischen Wesensveränderung" oder eines intellektuellen Abbaus. Sie beruhen vielmehr auf ein Zusammenspiel und die Wechselwirkungen mehrerer Faktoren wie dem organischen psychoreaktiven und medikamentösen Ursprungs. Kinder mit einer Epilepsie sind in der anfallsfreien Zeit nicht anders als andere Kinder und gewisse Charaktereigenschaften gehören nicht, wie oft angenommen wird, zum Krankheitsbild der Epilepsie (Schöler, 2009, S. 34). Jedoch wird ihre Lebensführung durch die Krankheit beeinflusst und sie erfahren deren Auswirkungen, welche viele Fragen und Probleme aufwerfen. Im Vergleich zu anderen chronischen Erkrankungen wirken sich die epileptischen Anfälle zusätzlich als Verstärker aus. Bei den Begegnungen der Kinder mit der Umwelt werden sie vor allem mit den Problemen, welche andere Menschen mit ihnen haben konfrontiert. Damit die Kinder nicht in einen Teufelskreis geraten, besonders sensible und empfindliche Reaktionen auf negative Botschaften der Umwelt, müssen die Kinder lernen, mit den Problemen ihrer Mitmenschen aktiv umzugehen. Ansonsten sind sie zusätzlichen Belastungen ausgesetzt, welche eine negative Auswirkung auf ihre Entwicklung hervorrufen. Um diesen Teufelskreis zu durchbrechen, brauchen sie die Unterstützung aller beteiligten Systeme wie Eltern, Erzieher, Lehrer, Therapeuten, Ärzten (Schöler, 2009, S. 41).

Die betroffenen Kinder müssen sich nicht nur mit der Krankheitsverarbeitung auseinandersetzen, sondern sind häufig auch von psychischen und sozialen Belastungen betroffen, welche ihre Persönlichkeitsentwicklung und ihre soziale Integration beeinflussen. Schöler (2009, S. 34) meint dazu: „Erschwerend kommt dazu, dass die Betroffenen ihre Krankheit meist nur im Spiegel der Umwelt wahrnehmen".

4.7.2 Kognitive Entwicklung / Teilleistungsstörungen

Wird bei einem Schulkind die Diagnose Epilepsie gestellt, wirft dies sofort die Frage nach der Leistungsfähigkeit auf. Fehlinformationen und Vorurteile stempeln das Kind vorschnell als minderbegabt ab. Es können jedoch keine generellen Aussagen betreffend reduzierter Leistungen betroffener Kinder gemacht werden. Eine anfallsbedingte Leistungsverminderung ist meist eine vorübergehende Erscheinung. „Ist die Leistungsfähigkeit längerfristig beeinträchtigt, müssen die Ursachen in der Grunderkrankung, in Teilleistungsschwächen und/oder in der medikamentösen Behandlung gesucht werden" (SVEEK, 1995, S. 41). Jedoch besteht ein erhöhtes Risiko für Schul- und Lernschwierigkeiten. Studien haben diesbezüglich ergeben, dass ein Teil der anfallskranken Kinder mit Schulschwierigkeiten eine normale (Test)-Intelligenz haben. Trotzdem treten bei 15-30% aller betroffenen Kinder wider Erwarten niedrige Schulleistungen auf. Weitere Untersuchungen ergaben, dass sogar nur etwa jedes zweite epilepsiekranke Kind die Schule ohne Schwierigkeiten durchläuft (LEB, 2008, S. 38). Leistungs- und Intelligenzkurven können demnach weit auseinanderlaufen. Als wichtigste Einflussfaktoren werden die kognitiven Fähigkeiten, die Persönlichkeitsstruktur und die sozio-kulturelle Umgebung genannt. Diese stehen in einer Wechselwirkung zueinander.

Je nach Epilepsiesyndrom kann es zu Aufmerksamkeitsstörungen, Verlangsamung, verminderte Spannkraft und leichte Ermüdbarkeit kommen. Das Erwartungsniveau muss den Möglichkeiten des Kindes entsprechen und Schwankungen der Leistungsfähigkeit aufgrund von Medikamentenumstellung und oder Zunahme der Anfallsfrequenz sind zu akzeptieren (Christ, Mayer & Schneider, 2006). Die individuellen Bemühungen und der individuelle Fortschritt soll durch Lob und Anerkennung gewürdigt werden.

4.7.3 Verhaltensweisen

Da Veränderungen und Schwankungen im Lern- und Leistungsverhalten der Kinder möglich sind, zeigen sich deren Auswirkungen oft als indirekte und reaktive Folgen. Die betroffenen Kinder sind sich ihrer guten Fähigkeiten bewusst, strengen sich an und erzielen trotzdem nicht die erwünschte und erhoffte Leistung. Ein weiteres Absinken folgt und die Bereitschaft der Mitarbeit und die Leistungsmotivation nehmen zusätzlich ab. Die für sie meist unerklärbaren Misserfolge führen zu Enttäuschungen und Frustrationen. Der Schüler fühlt sich missverstanden und ungerecht behandelt. Oft wird ihr Versagen seitens der Umwelt zusätzlich als mangelnder Einsatz, Faulheit, Unaufmerksamkeit oder auf mangelndes Interesse zurückgeführt. Die Diskrepanz zwischen vermeintlicher Begabung und tatsächlicher Schulleistung verunsichert das Kind. Es wird sich bewusst, die Erwartungen der Eltern und Schule nicht erfüllen zu können. Das Kind fühlt sich durch diese Situation überfordert und es verliert seine wirkliche Leistungsfähigkeit und zieht sich immer mehr zurück. Die Folgen davon können psychische Verunsicherung und Verhaltensauffälligkeiten sein. Diese äussern sich von clownhaftem Benehmen über Aggressivität, Verdecken von Mangelleistungen bis hin zur Ablehnung oder Verweigerung der erforderlichen Tätigkeit.

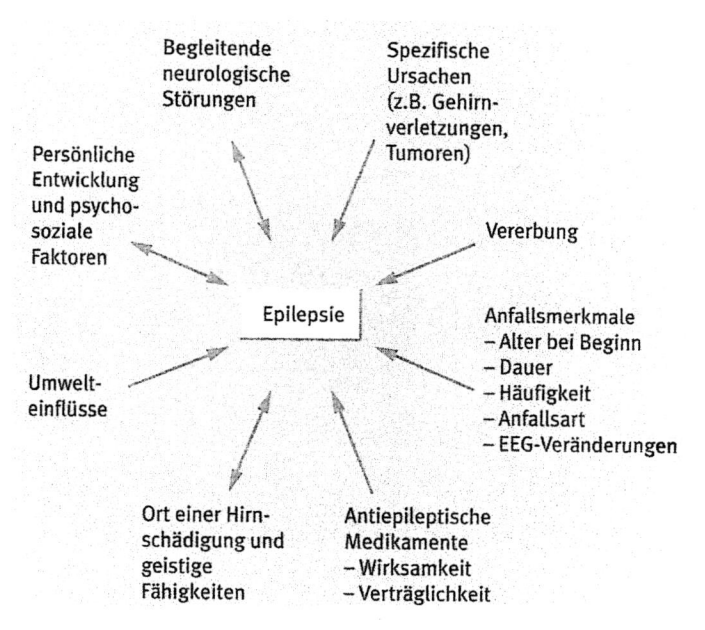

Abb. 2: Was bedeutet Epilepsie (Engel, in Krämer, 1998)

4.8 Begriff der Integration

Definition: Integrieren kommt vom lateinischen *integrare* und bedeutet etwas zusammenfügen, das vorher getrennt war, die Wiederherstellung eines Ganzen (Schöler, 1999, S. 9).

Der Begriff Integration kann auch mit *Vollständig-Machen* oder *Eingliedern-wo-es-hingehört* assoziiert werden (Joller-Graf, 2006).

In unserer Gesellschaft wird der Begriff meistens in Bezug auf Kultur, Religion, Behinderung und Schule gebraucht und bedeutet so viel wie „Eingliederung" in etwas Bestehendes.

Integration ist als politische Forderung im Sinne der Teilhabe von Menschen mit oder ohne Behinderung zu verstehen. Kinder und Jugendliche mit Behinderung sollen demzufolge die gleichen Rechte wie ihre nichtbehinderten Altersgenossen haben. Das Verständnis von Integration ist sehr weit gefächert. Das jeweilige Integrationsverständnis ist abhängig davon ist, wie Behinderung definiert wird (Cloerkes, 2007).

Bleidick (1988) beschreibt die Integration im Anwendungsbereich der (Schul-)Pädagogik als Prozess, der zwei oder mehrere aufeinander angewiesene widersprüchliche Bedürfnisse, Grundsätze, Sichtweisen in einem pädagogischen Handlungsfeld nach dem Modus der Annäherung in einer Interaktionsform zu vereinigt.

Eine weitere Definition von Integration findet sich bei Friedrich-Tornare (2008, S. 10). Sie fokussiert den Blick auf pädagogische Handlungsfelder und das schulische Ziel der Integration: „… jegliche pädagogische Bemühungen…, die darauf hinzielen, allen Kindern,…hochbegabt und leistungsschwach, behindert oder nicht behindert… die Teilhabe an unserer Gesellschaft zu ermöglichen".

Die Integration in die Gesellschaft bedeutet sowohl eine soziale wie schulische Integration.

4.8.1 Soziale Integration

„Integration bezeichnet einen gesellschaftlichen Veränderungsprozess, der nicht auf die Schule beschränkt bleibt und der darauf abzielt, Bedingungen, die Behinderung, Benachteiligung oder Aussonderung produzieren, zu hinterfragen und so zu verändern, dass die Integration von Personen im Respekt ihrer Originalität garantiert ist" (Cuomo, zit. in Steppacher, 2008).

4.8.2 Schulische Integration (IS)

Schulische Integration ist in der Bildungspolitik allgegenwärtig und steht im Fokus vieler Diskussionen. Im Sonderpädagogischen Konzept des Kantons Zürich, (2006) wird die Integration folgendermassen definiert: "Alle Kinder und Jugendliche bis zum vollendeten 20. Lebensjahr haben ein Recht auf Bildung und Förderung mit dem Ziel einer möglichst umfassenden Integration in die Gesellschaft".

Bless (2000, S. 440) definierte den Begriff Integration wie folgt: „Mit Integration ist die gemeinsame Unterrichtung von (lern)behinderten und nichtbehinderten Kindern in einer Klasse des öffentlichen Schulsystems zu verstehen, wobei für Kinder mit besonderen Bedürfnissen begleitend zum Unterricht die erforderliche pädagogische und sonderpädagogische Betreuung vor Ort unter Verzicht einer schulischen Aussonderung bereitgestellt wird. Integration wird als ethische begründete pädagogische Massnahme verstanden, die bei gleichzeitiger Garantie einer adäquaten und individuellen Förderung aller Kinder im Hinblick auf ihre optimale gesellschaftliche Integration ergriffen wird (Mittel zur Erreichung gesellschaftlicher Integration als Ziel)".

Unter schulische Integration versteht man das gemeinsame Unterrichten von behinderten und sogenannten normalen Kindern in regulären Klassen. Im Rahmen des Unterrichts erhalten die behinderten Kinder die pädagogische und therapeutische Unterstützung, die sie benötigen, um ihre speziellen Bedürfnisse in diesem Umfeld abdecken zu können. Dabei wird nicht auf die schulische Separation zurückgegriffen. Die Integration ist eine pädagogische Massnahme, deren Umsetzung eine adäquate und individualisierte Betreuung sämtlicher Kinder garantiert. Ihr Ziel ist die optimale Integration von Kindern mit speziellen Förderbedürfnissen in unsere Gesellschaft (Sermier, 2006).

Als eine der wichtigsten Voraussetzungen für eine erfolgreiche Integration von Kindern mit Beeinträchtigungen nennt Friedrich-Tornare (2008) eine positive Grundeinstellung und die Bereitschaft der Lehrpersonen dem Kind mit Verständnis und Toleranz entgegen zu treten. Die Heterogenität, welche eine Klasse mit integrativer Schulform mit sich bringt, soll als Chance und nicht als Nachteil empfunden werden.

Feuser (2009, S. 10) geht bei der Integration noch einen Schritt weiter und fordert, dass Kinder und Jugendliche unterschiedlichster Entwicklungsniveaus, Lernerfahrungen und Möglichkeiten, unabhängig von Art und Schweregrad ihrer Beeinträchtigungen gemeinsam miteinander lernen, spielen und arbeiten dürfen. Oder mit andern Worten: "Bei der integrativen Pädagogik geht es also nicht um Anpasserei oder Gleichmacherei,… sondern darum, Gemeinsames zu schaffen und Unterschiede, Trennendes zu benennen, zuzulassen und zu akzeptieren" (Demmer-Dieckmann & Struck, 1991, S. 13).

Nach Steppacher (2008) bedeutet Integration, dass der Fokus auf die Schüler gesetzt wird und eine individuelle und differenzierte Leistungsdiagnostik erfolgt, was zu individuellen und den Bedürfnissen der Schüler angepassten Förderplänen führt.

Kassebrock (1990, S. 12) ist der Meinung, dass es in der Schule mehr oder weniger flexible Toleranzgrenzen geben soll, die auch Kindern, die die geltenden Normen nicht auf allen relevanten Dimensionen erfüllen, eine schulische Integration ermöglichen. Wichtig ist dabei, die Bereitschaft der Institution Schule, ihr pädagogisches Konzept den Kindern mit partiellen oder allgemeinen Entwicklungsrückständen anzupassen.

4.9 Epilepsie und Schule

In diesem Kapitel werden die beiden Begriffe Epilepsie und schulische Integration in Zusammenhang gebracht und deren Wechselwirkungen aufgezeigt.

In die Schule zu gehen, zu lernen und Freundschaften zu schliessen, sollte jedes Kind mit positiven Gefühlen erfüllen. Die im Unterricht gestellten Anforderungen sollten mit Neugier, angst- und stressfrei bewältigt werden können. Die Zusammenarbeit mit den Mitschülern und der Lehrperson sollte von Toleranz, Respekt und Vertrauen geprägt sein. Das Gefühl der Zusammengehörigkeit soll mit Freude erlebt werden und über Wünsche, Anliegen und Probleme gesprochen werden. Die Schule soll ein Ort sein, wo sich jedes Kind wohlfühlen und frei entfalten kann.

So soll jedes Kind die Chance haben, die seinem individuellen Leistungsvermögen entsprechende Schule besuchen zu dürfen, unabhängig davon, ob eine Epilepsie diagnostiziert wurde oder nicht. Aufgrund von Überbehütung in der Familie sowie Unter- oder Überforderung in der Schule werden Kinder mit Epilepsie immer noch ins Abseits gedrängt. Es besteht die Tendenz, Kindern geringere Fähigkeiten zur Selbstkontrolle und Autonomie zuzusprechen. Zudem nehmen Institutionen wie auch Fachleute, die sich dem Integrationsgedanken verpflichtet fühlen, bei epileptischen Kindern heute noch eine andere Haltung ein. Eine Umfrage hat gezeigt, dass eine grosse Hilflosigkeit und Unkenntnis bei der Krankheit Epilepsie besteht (Puckhaber, 2006, S. 116ff). Die meisten Pädagogen machten zusätzlich keine Unterscheidung zwischen den verschiedenen Epilepsien und der Individualität der einzelnen Kinder. Lieber werden diese Kinder ausgegliedert, als dass der Versuch einer besseren pädagogischen Betreuung der Kinder oder eine verbesserte Fachausbildung der Lehrer angestrebt wird (ebd.). Gemeinsames Aufwachsen von behinderten und nicht behinderten Kindern sollte keine Ausnahme bleiben, sondern zu einer Selbstverständlichkeit werden. Gemeinsames Lernen von Kindern mit unterschiedlichen Lernvoraussetzungen bietet für alle Beteiligten vielfältige Erfahrungsmöglichkeiten. So lernen sie bei Begegnungen und in der Zusammenarbeit mit Menschen mit Handicap, eigene Stärken und Schwächen kennen und damit konstruktiv umzugehen. Mit einer solchen Schule beginnt das normale Leben eines Kindes mit Epilepsie und ist nicht der Anfang einer lebenslangen Isolation.

Die Schule hat dem Kind und der Gesellschaft gegenüber eine Verpflichtung und trägt einen Teil der Verantwortung für seine Entwicklungsmöglichkeiten. „Neben der Familie ist die Schule diejenige Institution, der die gesellschaftliche Aufgabe übertragen wurde, für den Heranwachsenden auf immer längeren Lebensabschnitten adäquate Entwicklungsbedingungen planmässig bereitzustellen" (Oerter Montada, 1987, zit. in Kassebrock, 1990, S. 12).

Zu Recht sind Kinder mit Epilepsie somit in allen Schulformen anzutreffen, denn die weitaus meisten Kinder mit Epilepsie sind normal intelligent und können wie jedes andere Kind die Schule besuchen, die ihrer Begabung entspricht. Die individuelle Begabung eines Kindes ist nicht abhängig von der Epilepsie. Sie unterscheiden sich in ihren Leistung und ihrem Verhalten nicht von ihren Mitschülern. Jedoch können Anfälle und Medikamente die Lern- und Leistungsfähigkeit, aber auch ihre Verhaltensweisen vorübergehend beeinträchtigen: Dies trifft bei ca. einem Drittel der Kinder zu, beschreiben SVEEK (1995, S. 40) und Krämer (1998, S. 222) in ihren Ausführungen. Dies kann eine Klassengemeinschaft zusätzlich belasten. Der Besuch einer Sonderschule ist aus ihrer Sicht nur dann erforderlich, wenn eine gleichzeitig geistige oder stark körperliche Behinderung vorliegt.

Ist ein normaler Schulbesuch möglich, sollten die Kinder mit Epilepsie auch nicht von gemeinsamen schulischen Aktivitäten ausserhalb des Schulzimmers ausgeschlossen werden. Unter Umständen sind beim Schwimmen oder bei anderen sportlichen Tätigkeiten wie Radfahren, Ballspielen, Turnen gelegentlich besondere Massnahmen notwendig. Unnötige Einschränkungen stärken das oft schon geringe Selbstvertrauen von Kindern mit Epilepsie nicht (Christ et al., 2006). SVEEK (1995, S. 51ff), LEB, (2008, S. 48) und Krämer (1998, S. 221) schliessen sich dieser Erkenntnis an.

Eine Arbeitsgruppe „Heilpädagogik" der pädagogischen Hochschulen, SKPH, (2006) sieht die Regelschule als Ort für das gemeinsame Lernen aller Kinder. Sie ist sich bewusst, dass die Schüler in einer Regelklasse sich hinsichtlich Entwicklungsstand, Lern- und Leistungsfähigkeit, sozialer und sprachlicher Herkunft oder Verhalten unterscheidet. Die Verschiedenheit der Kinder wird nicht als Problem, sondern als Selbstverständlichkeit angesehen. Die Entwicklung und das Lernen soll durch einen binnendifferenzierten, individualisierten und integrativen Unterricht mit entsprechenden Rahmenbedingungen unterstützt werden. Dies soll als Chance und Ressource des gemeinsamen Lernens genutzt werden (SKPH, 2006).

4.9.1 Schulleistungen und Lernerfolg

Im Hinblick auf die Überprüfung der Wirkung integrativer Schulformen zeigen Studien, dass die Lernfortschritte der schulleistungsschwachen oder lernbehinderten Schülerinnen und Schüler, die in regulären Schulklassen integriert werden und dort auf Unterstützung von Fachpersonen zählen können, bessere Fortschritte im schulischen Leistungsbereich erzielen als vergleichbare Schülerinnen und Schüler, die eine Sonderklasse oder eine Sonderschule besuchen (Bildungsdirektion Kanton Zürich, 2007). Nach Bless (2007, S. 28) sind die Fortschritte schulleistungsschwacher und lernbehinderter Schüler sogar signifikant besser als in Sonderklassen für Lernbehinderte. Die Unterschiede zeigen sich besonders stark im mathematischen, etwas weniger ausgeprägt im sprachlichen Bereich.

Lanfranchi (2009) unterstützt diese Aussage, indem er schreibt, dass zahlreiche schweizerische Studien belegen: „dass lernschwache Schulkinder, in integrativen Klassen im sprachlichen und mathematischen Bereich grössere Fortschritte machen, als solche in separierten Einrichtungen".

4.9.2 Sozialstatus und Befindlichkeit

Was die sozialen Aspekte der Integration betrifft, stellt sich die Situation kontroverser dar. Einer der Vorteile der schulischen Integration ist, dass die soziale Entwurzelung des Kindes vermieden werden kann, da das Kind in die Quartierschule eingeschult werden kann. So können bestehende Freundschaften weitergepflegt und vertieft werden und das Schliessen neuer Bekanntschaften wird erleichtert. Weitere Studien ergaben, dass in integrativen Klassen den behinderten Kindern vermehrte Möglichkeiten des Zusammenarbeitens und des Interagierens geboten werden können als in segregativen Settings (Haeberlin, Bless, Moser & Klaghofer, 1991, in Bless, 2007, S. 21).

Hingegen zeigen Ergebnisse weiterer Untersuchungen von Bächtold, Coradi, Hildbrand, Strasser (1990) in Bless (2007, S. 27), dass Kinder mit speziellen Förderbedürfnissen, die in reguläre Schulklassen integriert sind, im Vergleich zu ihren Mitschülern ungünstigere soziale Stellungen innerhalb der Klasse einnehmen und von ihren Mitschülern schlechter akzeptiert werden. Sie werden nicht nur seltener als Freunde genannt, sondern von den übrigen Kindern aus der Klasse auch seltener als Spielkameraden oder für schulische oder ausserschulische Aktivitäten gewählt (Cloerkes, 2007, S. 251ff). Dieses Phänomen ist vor allem bei Schülerinnen und Schülern zu beobachten, die Lernschwierigkeiten, Verhaltensstörungen oder Retardierungen aufweisen. Nach Strasser und Elmiger in Bless (2007, S. 18) trifft dieser Befund aber nicht auf Kinder mit anderen Behinderungen (Hör-, Seh- oder körperliche Behinderung) zu. Sie weisen in ihren Klassen einen relativ neutralen Status auf. Allerdings sind auch nicht alle Schülerinnen und Schüler in Sonderklassen beliebt. Unter ihnen gelten generell die gleichen Kriterien für die Beliebtheit wie der Regelklasse. Besondere Klassen bieten demzufolge kein toleranteres Umfeld. Auch bei ihnen bestimmen auffällige Merkmale oder Verhaltensweisen, äusseres Erscheinungsbild, das allgemeine Selbstwertgefühl über Sympathie oder Antipathie (Cloerkes, 2007, S. 251ff).

Die Untersuchungen zeigen, dass die soziale Integration von behinderten Kindern nicht automatisch erfolgt. Man kann davon ausgehen, dass das soziale Zusammenleben in einer Klasse sehr von stark von der gelebten Unterrichtskultur abhängig ist. Es ist deshalb nötig, in integrativen Klassen Strategien zu entwickeln, die soziale Beziehungen fördern und die Akzeptanz unter den Kindern begünstigen. Bildungsdirektion Kanton Zürich, 2006, Sermier, 2006).

Weitere Studien wurden über die Wirkung von Integration auf die Kinder ohne spezielle Förderbedürfnisse gemacht. Die Ergebnisse zeigen, dass den „normalen" Kindern, die eine Schule mit integrativ orientierter Schulform besuchen, keine Nachteile erwachsen und sie keine negativen Auswirkungen erfahren. Im Gegenteil, es wurden sogar positive Auswirkungen erzielt. Den Kindern wird eine positivere Einstellung gegenüber Behinderten und eine grössere Toleranz gegenüber Differenzen attestiert (Sermier, 2006). Diese These bestätigt auch Cloerkes (2007, S. 251ff) und sagt, dass Kinder, welche häufiger Kontakt mit Behinderten pflegen eine höhere Sozialkompetenz aufweisen. Auch Lanfranchi (2009) kommt zu diesem Schluss und definiert die Ergebnisse verschiedener Studien wie folgt: „Leistungsstarke Kinder werden in ihrem Lernerfolg nicht gebremst und tragen keinerlei Schaden davon. Im Gegenteil zeigen sie bessere Sozialkompetenzen im Umgang mit Verschiedenheit als Kinder in homogenen Regelklassen". Integration ist ein Weg, der angemessene Formen des Umgangs miteinander hervorbringt und somit die Entstigmatisierung behinderter Menschen begünstigt. Ein Unterricht, der auf individuelle Lernvoraussetzungen eingeht, kommt demzufolge allen Schülerinnen und Schülern entgegen.

Mathes/Schnebel (1992) in LEB, (2008, S. 42) nennt drei wichtige Voraussetzungen für eine gelingende und vielversprechende schulische Integration epilepsiekranker Kinder:

- Integrationswille der Lehrpersonen
- Integrationsbereitschaft der Mitschüler
- Integrationsfähigkeit des betroffenen Kindes

4.9.3 Lehrpersonen

Die Einstellung der Lehrpersonen spielt im Hinblick auf den Erfolg der Integration eine bedeutende Rolle. Kooperation und das Engagement der Lehrpersonen sind Vorrausetzung für den Erfolg. Ohne die Bereitschaft seitens der Lehrpersonen ist eine Integration nicht zu realisieren, da sie am unmittelbarsten an den Integrationsbestrebungen beteiligt sind. Diese sollten die Heterogenität einer Klasse als Chance und nicht als Nachteil sehen. Studien aus verschiedenen Ländern belegen, dass Lehrpersonen grundsätzlich eine positive Grundhaltung der Integration von beeinträchtigten Kindern gegenüberstehen und dass die Integration ein Gewinn sowohl für die Kinder wie auch für die Lehrpersonen und die ganze Schule ist. Sie machen aber auch darauf aufmerksam, dass eine Umsetzung abhängig ist von günstigen Rahmenbedingung wie Fortbildung, Weiterbildungsangebote, genügend zeitliche Ressourcen, qualifizierte Fachpersonen, Schülerzahlen, interdisziplinäre Zusammenarbeit und Art der Behinderung. Ebenso wird die Unterstützung von Fachpersonal genannt. Ansonsten besteht die Gefahr, dass die positive Einstellung und das Engagement ins Negative kippen, vor allem wenn es darum geht, Kinder mit verschiedenen und komplexen

Bedürfnissen oder auffälligen Verhaltensstörungen zu integrieren. (Sermier, 2006). Dieser Standpunkt vertreten auch Cloerkes (2007, S. 251ff) und Lanfranchi (2009). Je höher das persönliche Interesse ist, umso höher sind auch das Engagement der Lehrerinnen und Lehrer.

In der Schule werden die Weichen für den künftigen Lebensweg des anfallskranken Kindes gestellt. Der Lehrer kann in vielen Fällen dazu beitragen, dass der Schüler die gleichen Chancen wie alle andern Kinder erhält. Die bejahende Grundhaltung, die Bereitschaft und das Interesse, den Unterricht und das eigene (Handlungs-)Wissen zu erweitern, sind gute Voraussetzungen. Viele Lehrerinnen und Lehrer haben jedoch Angst vor dem Unbekannten, das auf sie zukommen könnte, wenn ein Kind mit der Diagnose „Epilepsie" in ihre Klasse stösst. „Das Überraschende, das Plötzliche des Anfalls hat für die Umgebung etwas Erschreckendes, Unheimliches" (Freudenberg, 1968, S. 69). Darum nimmt sie im Vergleich zu anderen chronischen Krankheiten eine Sonderstellung ein. „Oft wird das Anfallsleiden des Kindes als Makel empfunden" (Freudenberg, 1968, S. 71).

Für die schulische Entwicklung von Kindern mit Epilepsie ist es entscheidend, dass die Lehrer über Epilepsie im Allgemeinen und die spezifische Ausprägungsart bei „ihrem Schulkind" Bescheid wissen. Denn nicht selten werden epileptische Anfälle erst in der Schule bemerkt. Eine genaue Beobachtung von Seiten der Lehrperson und offene Kommunikation mit den Eltern ist die Basis für eine differenzierte Diagnosestellung und anschliessende wirksame Behandlung.

Als Lehrperson kann die Leistungsfähigkeit des Kindes mit Epilepsie durch Klassenatmosphäre, Beziehung, Lerntypberücksichtigung, methodisch-didaktische Arrangements auf der Grundlage der neuropsychologischen Untersuchungsergebnissen und Aufgleisen von pädagogisch-therapeutischen Massnahmen im psychosozialen und lerntechnischen Bereich beeinflusst werden. So kann jede betroffene Lehrperson einen Beitrag zur Bewältigung der Krankheit leisten. Von grosser Bedeutung ist die Informationsweitergabe bei Stufenübertritten. Die neue Lehrperson kommt so zu wesentlichen Informationen und kann von den Erfahrungen der vorhergehenden nur profitieren (SVEEK, 1995, S. 54ff).

4.9.4 Schulische Heilpädagogen

Die Grundlage für die Arbeit der SHP mit Kindern mit Epilepsie ist die neuropsychologische Diagnostik des Kindes mit Epilepsie. Basisziel der heilpädagogischen Tätigkeit ist die Verbesserung der Lebensqualität und der Erweiterung der Selbständigkeit in Kombination mit dem Abbau von Abhängigkeit. Die aktive Teilnahme der Kinder an der Förderung wie auch das Faktum, dass die Übungsprogramme Freude und Spass vermitteln sollen, geben der heilpädagogischen Tätigkeit einen Sinn. Dabei sind vor allem die individuellen Entwicklungsbedingungen und Lernvoraussetzungen im Bereich Aufmerksamkeit und Konzentration der Kinder zu berücksichtigen. Die Belastungsgrenze des Kindes ist fördertechnisch ebenfalls von Bedeutung. Die Förderbemühungen müssen für das Kind Sinn machen, d. h., sie müssen den Kindern rasche Erfolgserlebnisse vermitteln. Dies gelingt vor allem dann, wenn die Lebenswirklichkeit der Kinder in die Förderung einbezogen wird. Jede Förderung bedarf einer Elternanleitung, damit die Förderung zu Hause weitergeführt werden kann. Die SHP ist in erster Linie Begleiterin und Partnerin, so genannter Lerncoach (Christ et al., 2006).

Die vorschulische wie schulische Integration leistet somit einen wesentlichen Beitrag zur sozialen Integration von Kindern mit Epilepsie. Eine entwicklungsfördernde Infrastruktur, die entweder vorhanden ist oder geschaffen werden kann, in Form von entwicklungsfördernden Bedingungen und qualifiziertem Lehrpersonal ist die Basis jeglicher Integration von Kindern mit Epilepsie. Das Kind soll sich wohl und angenommen fühlen.

Bedenken gegenüber der Aufnahme von Kindern mit Epilepsie sollten durch fachspezifische, medizinisch-psychologische Beratungen und Aufklärung über die Krankheitsbilder ausgeräumt werden (Christ et al., 2006).

4.9.5 Mitschüler

Manche Kinder mit Epilepsie werden anfänglich aus Berührungsängsten, Unsicherheiten den Kindern gegenüber sowie aufgrund von Befürchtungen und Vorurteilen ihrer Eltern von den Mitschülern gehänselt. Nicht selten ist es der Fall, dass diese Ausgrenzung durch die Lehrpersonen noch verstärkt wird. Epileptische Anfälle der Kinder in der Schule können Verunsicherung und Beunruhigung bei den Mitschülern auslösen. Um dies zu vermeiden, ist das Vorbildverhalten des Lehrers umso wichtiger. Eine positive Haltung dem Kind gegenüber wirkt sich förderlich auf die Integration in den Klassenverband aus. Sollte die Möglichkeit eines Anfalls während dem Unterricht bestehen, müssen Schüler in jedem Fall vorbereitet sein. Nur so können Vorurteile vermieden und Verständnis und Mitgefühl für den betroffenen Mitschüler erreicht werden (Schöler, 2009, S. 94).

Das Verständnis der Mitschüler wird durch eine sachliche und umfassende Information gefördert. Nach SVEEK (1995, S. 54) und Schöler (2009, S. 95f) ist eine Information im Rahmen des Menschenkunde-Umweltunterrichts, nach dem Auftreten eines Anfalles oder im Zusammenhang mit einer Sonderregelung für das betroffene Kind (z.B. Schwimmdispens) eine denkbare Möglichkeit. So kann die Integration des betroffenen Kindes gelingen. Die aktive Mitgestaltung der Aufklärung durch das betroffene Kind, dessen Eltern und des behandelnden Arztes als Unterstützung, ist eine gute Lösung. Bei der Aufklärung zu berücksichtigen, ist das Alter der Kinder, da die sie sehr unterschiedliche Vorstellungen von der Krankheit haben Die Informationen müssen demnach unbedingt altersgerecht vermittelt werden.

Informationen an die Klasse

- Epilepsie im Allgemeinen und spezielle Form des betroffenen Schulkindes
- Art der Anfälle
- Konsequenzen für die Lebensführung
- Verhaltensregeln für die Klasse – Erste Hilfe
- mögliche Auswirkungen auf den Unterricht

LEB (2008, S. 43) hält fest, dass die Art und Weise der Information an die Mitschüler gut überlegt sein muss. Ob eine unterrichtliche Information bedeutsam wird, hängt davon ab, ob die Anfälle des Kindes überhaupt bemerkt werden und die Aufmerksamkeit der Umwelt auf sich ziehen. Es muss zwischen leichten Absencen und schweren Anfällen differenziert werden. Das Kind soll nicht der Gefahr ausgesetzt werden, durch das Etikett "epilepsiekrank" möglicherweise stigmatisiert und zum Aussenseiter zu werden.

Dieses Abwägen erfordert pädagogisches Fingerspitzengefühl. Es sollen sowohl die Probleme des Kindes in geeigneter Weise berücksichtigt werden, andererseits soll es nicht in eine Sonderrolle innerhalb der Klasse/seines Umfeldes gedrängt werden.

Andererseits kann das Zusammenleben mit einem epilepsiekranken Mitschüler innerhalb der Klassengemeinschaft zu einer wertvollen Erfahrung für alle werden. Die Kinder lernen dabei Toleranz, Verständnis und Rücksichtnahme. Soziales Lernen wird zur Selbstverständlichkeit.

4.9.6 Unterrichtsgestaltung

Die Tatsache der Erkrankung an Epilepsie ist nicht massgebend für die Wahl der Lernform. Dennoch macht die deutsche Epilepsievereinigung (2010) auf einige förderliche Unterrichtsformen aufmerksam: Individualisierung, Binnendifferenzierung, Offener Unterricht und gegenseitige Hilfe sowie Unterrichtsformen, von denen alle Kinder profitieren können und bei welchen das epilepsiekranke Kind keine Sonderrolle einnimmt. Auch Schöler (2009, S. 89ff) nennt den binnendifferenzierten Unterricht als geeignete Möglichkeit, um auf die individuellen Bedürfnisse des Kindes einzugehen und der Entstehung von Problemen vorzubeugen. Sie betont, dass bei einem Kind mit häufigen Absencen bei einem Unterricht, der überwiegend frontal gestaltet wird, Nachteile entstehen. Durch die kurzen Bewusstseinspausen besteht die Gefahr, wichtige Informationen zu verpassen. Kann es jedoch durch offene Unterrichtseinheiten, Werkstattunterricht und arbeiten mit Wochenplan sein eigenes Lerntempo bestimmen und seinen eigenen Lernwegen folgen, wird das Kind in seinem Lernprozess viel weniger eingeschränkt. Arbeitet das Kind in seinem eigenen Rhythmus, besteht die Möglichkeit, individuelle Pausen einzuschalten und sich zu entspannen, was wiederum seine Konzentrationsschwierigkeiten minimiert und seine Aufmerksamkeitsspanne erhöht. Entscheidet die Lehrkraft über einen gemeinsamen Arbeitsrhythmus, bieten sich ihm diese Möglichkeiten nicht. Sie nennt weiter, dass das Ziel der Inneren Differenzierung im Unterricht für alle Schüler, aber insbesondere für Kinder mit Epilepsie, viel Vorteile mit sich bringt. Der binnendifferenzierter Unterricht strebt ein Lernen an, das von den vorhandenen Handlungskompetenzen der Schüler ausgeht und auf die nächste Entwicklungsstufe ausgerichtet ist. Eine Innere Differenzierung im Unterricht ermöglicht allen Kindern, ob leistungsstark oder leistungsschwach, die Chancengleichheit und verhindert Über- oder Unterforderung. Negative Konsequenzen auf die Lernentwicklung werden so vermieden.

Von zentraler Bedeutung für den Lernerfolg ist aber wie bei andern Kindern, der Lerntyp, die Begabung, die Persönlichkeit und die Belastbarkeit, das psychosoziale Umfeld und mögliche neuropsychologische Ausfälle (SVEEK, 1995, S. 42). Die Unterrichtsarrangements müssen selten speziell dem betroffenen Kind angepasst werden. Das Kind sollte möglichst nicht ausgeschlossen werden und keine Stigmatisierung mit einer Sonderrolle erfahren. Das heisst, der Unterricht soll so gestaltet werden, dass alle Kinder mit besonderen Bedürfnissen davon profitieren können. Das Ziel eines guten Unterrichts soll sein, die Kinder in ihrer Sozial-, Selbst- und Sachkompetenz zu fördern und sie bei der Weiterentwicklung derselben zu unterstützen. Sowohl Meyer (2004) als auch Kramis (1990) definieren einen guten Unterricht mit heterogenen Lerngruppen anhand von Gütekriterien.

Gütekriterien nach Meyer

- klare StrukturierungMethodenvielfalt
- individuelles Fördernlernförderliches Klima
- intelligentes Übenhoher Anteil Lernziel
- sinnstiftende Kommunikationinhaltliche Klarheit
- transparente Leistungserwartungvorbereitete Umgebung

Gütekriterien nach Kramis → Bedeutsamkeit - Effizienz - Lernklima.

Ein guter Unterricht, wie es die Gütekriterien von Meyer und Kramis aufzeigen, ist von verschiedensten Faktoren abhängig. Werden sie angewendet, erhalten alle Kinder die Chance, ihr vorhandenes Potenzial umfassend zu entwickeln.

4.9.7 Unterstützende Massnahmen

Die Krankheit alleine rechtfertigt keine pädagogisch-therapeutische Massnahme. In der Realität aber benötigen Kinder mit Epilepsie häufiger stützende Massnahmen durch die SHP als Kinder ohne Epilepsie. Grund dafür sind die neuropsychologischen Ausfälle und die allgemein erschwerende psychosozialen Integration. Die heilpädagogische Förderung wird individuell auf das einzelne Kind abgestimmt (Christ et al., 2006). Somit wird ihnen gewährleistet, ohne permanenten hohen Leistungsdruck lernen zu dürfen und Erfolge zu erzielen (LEB, 2008, S. 59). Nicht selten haben Kinder mit Epilepsie die grundlegenden Fertigkeiten für den Erwerb der Kulturtechniken Lesen, Schreiben und Rechnen bei Schuleintritt noch nicht oder noch nicht vollständig entwickelt. So ist eine fortführende Förderung der basalen Fertigkeiten durch die SHP notwendig. Weiter von Bedeutung sind die Stabilisierung und der Ausbau von Selbstvertrauen und Selbstbewusstsein durch die Förderung in lebenspraktischen Aktivitäten. „Nur selbstbewusste Kinder werden sich auch in den Grenzbereichen ihrer Möglichkeiten noch um Leistung bemühen und so das Lesen, Schreiben und Rechnen erlernen" (Christ et al., 2006 S. 32).

4.9.8 Einschränkungen

Vorsichtsmassnahmen und Einschränkungen sollten auf ein Minimum reduziert werden. Wichtig dabei ist die Absprache mit den Eltern. Im gemeinsamen Gespräch werden nötige Massnahmen getroffen, welche regelmässig überprüft werden müssen. Eine Aufsicht rund um die Uhr ist meist jedoch unnötig und leistet einer Überbehütung Vorschub. Bei Ausflügen und Klassenlagern müssen die individuellen Bedürfnisse, wie auch das Vermeiden von Extremsituationen (Schlafmangel, starke Sonnenbestrahlung, exzessive körperliche Anstrengungen, bei Jugendlichen Alkohol und Discobesuche) in die Planung mit einbezogen werden. Unbedingt muss dabei auch die regelmässige Einnahme der Medikamente gewährleistet sein. Auch bei Turn- und Werkunterricht müssen gegebenenfalls angepasste Rücksichtsmassnahmen getroffen werden. Trotz individuellen Einschränkungen soll das oberste Ziel sein, das Kind möglichst selten auszuschliessen und es am gemeinsamen Schulleben teilhaben zu lassen (SVEEK, 1995, S. 51ff).

Spiel, Sport und Bewegung sind beliebte Freizeitaktivitäten. Mannschaftssport fördert das soziale Verhalten, Regeln müssen akzeptiert und eingehalten werden, man muss sich integrieren und verfolgt ein gemeinsames Ziel. Kompetenzen, welche für die Persönlichkeitsentwicklung von grosser Bedeutung sind. Beachtung und Anerkennung durch andere bei Sport und Spiel und das Geniessen der eigenen Erfolgserlebnisse stärken die Selbstachtung. Ausserdem kann sportliche Betätigung die Anfallsbereitschaft unterdrücken (Deutsche

Epilepsievereinigung, 2010). Die Auswahl der Sportart sollte in Zusammenarbeit mit dem behandelnden Arzt getroffen werden.

Es ist also wichtig, einen Mittelweg zwischen Beschränkungen aufgrund prinzipiell berechtigten Ängsten und notwendigen Freiheiten im Hinblick auf eine möglichst normale kindliche Entwicklung zu finden.

4.10 Interdisziplinäre Zusammenarbeit

Für eine gelingende Integration sind die Schwierigkeiten des Kindes nach medizinischer, psychosozialer und neuropsychologischer Natur zu analysieren. So ist eine interdisziplinäre Zusammenarbeit von zentraler Bedeutung.

4.10.1 Interdisziplinäre Zusammenarbeit mit Eltern

Die Angst vor Diskriminierung des Kindes in der Schule veranlasst heute noch immer Eltern, die Krankheit des Kindes zu verheimlichen. Die Eltern des Kindes verfügen über ein grosses spezifisches Wissen betreffend Epilepsie. Ebert & Schötz, (1999) in LEB (2008, S. 43) nennt eine offene und frühzeitige Information der Lehrkräfte durch die Eltern als eine entscheidende Voraussetzung für eine angemessene Reaktion der Lehrpersonen auf das Verhalten und die schulische Leistung des Kindes. Das Wissen ermöglicht es den Lehrpersonen ein „auffälliges" oder „unangepasstes" Verhalten richtig zu beobachten und zu interpretieren. Ebenso werden Vorurteile, Unsicherheiten und Ängste abgebaut. Wenn nötig können Leistungsschwankungen aufgefangen, das Lerntempo und die Lernziele individuell angepasst werden. Das Kind erhält ebenfalls Unterstützung bei der sozialen Integration. Eine partnerschaftliche Beziehung, in der Offenheit und Unvoreingenommenheit herrscht, ist die Basis für eine gewinnbringende Zusammenarbeit.

Die Bedenken und Ängste der Eltern sind mit Hilfe von Gesprächen aus dem Weg zu räumen. In geduldigen Beratungen muss darauf hingewiesen werden, dass die schulische Integration ihres Kindes eine wichtige Bedeutung im Hinblick auf dessen soziale Kompetenz, Selbständigkeit und Ablösung hat (SVEEK, 1995, S. 60ff).

4.10.2 Interdisziplinäre Zusammenarbeit mit Fachpersonen

Die bisherigen Erläuterungen zeigen auf, dass sich das Krankheitsbild der „Epilepsien" sehr komplex verhält und kein rein medizinisches „Problem" darstellt. Verschiedenste Aspekte – psychosoziale, pädagogische, medizinische und historisch-gesellschaftliche – sind sehr eng miteinander verbunden. Mehr als bei vielen andern Krankheiten. Eine gute Zusammenarbeit aller Beteiligten, welche das Kind in seiner Entwicklung stärken und ihm Unterstützung und Hilfeleistungen anbieten, ist daher umso bedeutsamer.

Die Lehrpersonen können nur verantwortungsbewusst und flexibel auf die Bedürfnisse der Kinder reagieren, wenn sie die nötigen Informationen besitzen. Die schulische Laufbahn von Kindern mit Epilepsie muss daher unter Berücksichtigung der psychischen wie kognitiven Fähigkeiten mit Zuhilfenahme der beratenden Fachleute aus Pädagogik und Medizin getroffen werden. Grundlage dafür ist eine professionelle Zusammenarbeit und ein gemeinsames Verständnis für die Bedürfnisse und Probleme des betroffenen Kindes. Verhaltens- und Wesensänderungen sowie Leistungsschwankungen können gemeinsam besprochen und pädagogisch sinnvolle Lösung erarbeitet und geplant werden. Ebenfalls können Nebenwirkungen von Medikamenten diskutiert und erörtert werden.

Das gemeinsame Ziel einer guten Zusammenarbeit ist, das Kind zur Integration seiner Krankheit oder Behinderung, zu einem stabilen Selbstwertgefühl, zu individuellen Lebensperspektiven und Zielsetzungen und vor allem zu Freude am Leben zu verhelfen. Gemeinsame Gespräche unterstützen diesen Prozess beim Kind und helfen mit, Überforderungen zu vermeiden und inadäquate Erwartungen und Folgestörungen vorzubeugen (SVEEK, 1995, S. 64).

5 Forschungsmethodisches Vorgehen

5.1 Forschungsdesign

5.1.1 Forschungsansatz

Die qualitativen und quantitativen Ausrichtungen der Forschungsansätze prägen die empirische Sozialforschung. Die qualitative Forschung richtet ihr Interesse auf das Verstehen von Handlungen und Prozessen und dessen Beschreibung (Schaffer, 2002, S. 46). „Das Verstehen des (Einzel-)Falls steht im Vordergrund, aus dessen Typik und Spezifikation heraus wird die Generalisierung der fallbezogenen Aussagen gesucht". Die qualitative Forschung ist so Theorie generierend. Quantitative Studien dienen der Überprüfung von allgemeinen Aussagen und Hypothesen und sind demnach Theorie überprüfend und -vergleichend (Moser, 2008, S. 23). Die Kombination der beiden Forschungsansätze erhöht die Dichte der Beschreibung, da der Gegenstand der Forschung von verschiedenen Seiten her betrachtet wird (ebd.). Die Kombination dieser beiden Sozialforschungsmethoden wurde im Fragebogen der vorliegenden Untersuchung in Form von halboffenen Fragen umgesetzt. Diese geben Aufschluss über die Erwartungen der befragten SHP, die allein geschlossene Fragen nicht zu leisten vermögen.

Forschungskonzeption

Die Forschungskonzeption ist die der Praxisuntersuchung. In Praxisuntersuchungen werden Fragestellungen analytisch geklärt und erforscht. Dieser Ansatz verfügt sowohl über wissenschaftliche Aspekte - Einbezug von Theorien, Methoden und Standards im wissenschaftlichen Gebiet der Epilepsie - wie auch über pragmatische Aspekte wie der direkte Bezug auf die Erwartungen der SHP in Form von Chancen und Grenzen der Integration von Kindern mit Epilepsie. Die Konzipierung erfolgt unter den fünf allgemeinen Prinzipien der Forschungsplanung nach Moser (2008):

> - **Sampling**: „Die Zusammensetzung der Gruppen, die untersucht werden, ist sorgfältig zu planen" (S. 47).
> - **Stimmigkeit**: „Die **Methoden** sind gezielt auf vorgängig erarbeitete Fragestellungen hin einzusetzen" (S. 47).
> - **Triangulation**: „Eine Behauptung ist besser abgesichert, wenn sie im Fadenkreuz der Triangulation von mehreren Seiten her bestätigt werden kann" (S. 47).
> - **Member Check**: „Es ist oft sinnvoll, Forschungsresultate im Sinne eines Daten-Feedbacks an die Betroffenen zurückzugeben (Member check)" (S. 51).

> **Computernutzung**: „Da bei der Praxisforschung häufig grosse Datenmengen anfallen, ist der Computer effektiv zu nutzen" (S. 51).

In der vorliegenden Untersuchung wird von der Theorie der Epilepsie als Krankheit und der schulischen Integration von Kindern mit Epilepsie ausgegangen. Dabei bildete das umfangreiche Studium von spezifischer Literatur die Basis für diese Untersuchung. Die Planung erfolgte via relevanter Items, in einem Mind Map zusammengestellt. Mind Maps helfen ein Projekt zu strukturieren, veranschaulichen dieses auf einen Blick und können im Verlaufe der Projektplanung und –durchführung laufend ergänzt werden (Moser, 2008, S. 53).

Forschungsabsicht

Die Forschungsstrategie, als Grundlage dieser Untersuchung, bildet ein Survey, eine breit angelegte, umfassende Befragung mittels Fragebogen. Das Vorhaben berücksichtigt hauptsächlich den quantitativen Forschungsansatz, mit dem Einbezug der Perspektive der Erkenntnisse aus der Literatur, welche früher durch qualitative Forschungen generiert worden ist. Das Ziel, das wir dabei anstreben, ist, unsere Forschungs-Fragestellungen zu durchdringen und diesbezüglich Antworten mittels Forschungsergebnisse zu erhalten (Moser, 2008, S. 96). Wir werden versuchen, die momentane Wirklichkeit durch die subjektive Wahrnehmung, Erwartungshaltung, einer bestimmten Population, die der befragten SHP, zu einem interessierenden Thema, in unserem Fall der schulischen Integration von Kindern mit Epilepsie, zu einem bestimmten Zeitpunkt abzubilden. Aus der anschliessenden Diskussion der Forschungsergebnisse in Gegenüberstellung der Theorie-Erkenntnisse werden wir Leitsätze generieren. Daraus abgeleitet werden hypothetische, lösungsorientierte Annahmen und Theorien bezüglich schulischer Integration von Kindern mit Epilepsie.

5.1.2 Sampling

Für die vorliegende Untersuchung gab es verschiedene Samplingarten. Eine schweizweite Vollerhebung hätte ein repräsentatives Gesamtbild ergeben und die Aussagekraft der Resultate hätten sich erhöht. Im Hinblick auf die für die vorliegende Untersuchung zur Verfügung stehenden zeitlichen Ressourcen haben wir jedoch auf eine Vollerhebung verzichtet. Wir haben uns für das zielgerichtete Sampling entschieden. Beim zielgerichteten Sampling werden Kriterien entwickelt, um die Untersuchungseinheiten in Form von Gruppen oder Personen auszuwählen. Folgende Kriterien waren für die Auswahl der Stichprobe massgebend:

Die zu befragende Personen…

… sind männlichen oder weiblichen Geschlechts.

- ... sind als SHP in einem integrativen oder separativen Schulsystem tätig.
- ... fördern Schüler der Kindergarten-, Primar- und/oder Oberstufe.
- ... verfügen über mindestens 1 Jahr Erfahrung als SHP.
- ... sind demographisch in den Kantonen St. Gallen, Appenzell Ausserrhoden oder Innerrhoden als eine Gruppe oder Zürich tätig.

Das Sampling wurde so aufgrund der aufgelisteten Unterscheidungskriterien Geschlecht, Schulsystem, Stufenerfahrung, Dienstalter und demographische Struktur Stadt-Land bewusst getroffen. Auf diese Weise kann evaluiert werden, ob die Erwartungshaltung bezüglich Integration von Kindern mit Epilepsie durch die Tatsachen der Unterscheidungskriterien beeinflusst werden. Parallel dazu ist die Art und Weise des Einstiegs ins Forschungsfeld für den Erhalt von aussagekräftigen Resultaten am Ende des Forschungsprozesses massgebend.

5.2 Datenerhebung

5.2.1 Feldzugang

Der Zugang zum Feld erfolgte auf verschiedene Arten. Der Zugang zum Feld im Kanton Zürich erfolgte aus Datenschutzgründen über den Vorstand des Verbands Schulischer Heilpädagogen im Kanton Zürich, kurz KSH genannt. Dieser leitete den elektronischen Fragebogen per E-Mail an die Mitglieder weiter. Durch die Mitarbeit eines Vorstandmitgliedes erhofften wir uns eine Erhöhung der Chance, eine ausreichende Anzahl von Teilnehmern mit genügend hoher Bereitschaft zur Informationsweitergabe zu erreichen. Das Vorstandsmitglied fungierte somit als Gewährsperson, welche die zu befragenden Personen kennt und als Vertrauensperson wahrgenommen wird.

Für den Zugang zum Feld der Kantone SG, AR und AI haben wir von den kantonalen Verbänden der Heilpädagogen die Adressen ihrer Mitglieder für eine einmalige Verwendung aus Datenschutzgründen erhalten. In diesem Feld erfolgte der Zugang zum Feld direkt von den Forscherinnen an die zu befragenden Personen. Wir haben den Link zu unserem Onlinefragebogen elektronisch versandt. Da die eine Verfasserin dieser Untersuchung über einen grossen Bekanntenkreis unter Berufskollegen in den drei Kantonen verfügte, hofften wir durch den persönlichen Bekanntheitsgrad auf eine ausreichende Anzahl von Teilnehmern mit genügend hoher Bereitschaft zur Informationsweitergabe.

5.2.2 Forschungsmethoden

Die Forschungsmethoden wurden gezielt auf die unter 3.2 definierte Forschungsfragen hin ausgewählt. So konnte das Prinzip der Stimmigkeit erfüllt werden (Moser, 2008, S. 49).

Wir haben uns für die schriftliche Befragung als Leitmethode entschieden, da wir eine grosse Personengruppe befragen werden, um aussagekräftige Forschungsresultate bezüglich Untersuchungsziel, Integration von Kindern mit Epilepsie in der Integrativen Schulform zu erhalten.

Im Folgenden wird die Theorie zur Erstellung des Fragebogens vorgestellt. Weiter wird der Fragebogen, welcher für die vorliegende Untersuchung verwendet wird, beschrieben. Der ausführliche Fragebogen befindet sich im Anhang.

Fragebogen - Theorie

Die Vorteile bei der Verwendung eines Fragebogens sind:
- Gute Chancen für umfassende Untersuchung im Forschungsfeld dank grosser Anzahl und Gleichzeitigkeit
- Verteilung der Fragebogen braucht wenig Zeit
- Beantwortung der Fragebogen durch die Teilnehmenden benötigt wenig Zeit
- Ehrliche Antworten sind möglich durch die gewährleistete Anonymität (Altrichter & Posch, 2007, S. 175)

Neben den Vorteilen gibt es auch einen gewichtigen Nachteil:
- Präzisierung und Nachfrage bei der Auswertung sind nicht möglich (Altrichter & Posch, 2007, S. 176)

Die Fragen sowie deren Verständlichkeit und Qualität bestimmen die Verwendbarkeit des Fragebogens. Im Voraus wurde über Sinn und Zweck jeder einzelnen Frage Klarheit geschaffen. Ebenfalls wurden Testpersonen in die Entwicklung einbezogen, um die Verständlichkeit und Qualität der Fragen zu testen (Altrichter & Posch, 2007). Das Resultat daraus ist der vorliegende Fragebogen.

Vor- und Nachteile gibt es auch bei den einzelnen Fragen, beziehungsweise Frageformaten. Zur Entwicklung der spezifischen Fragen dienen diese der Entscheidungsfindung.

Offene Fragen werden durch den Befragten mittels persönlichen, schriftlichen Text beantwortet.

Vorteil: Die Eigene Meinung kann geäussert werden.

Nachteil: Personen, die sich schriftliche nicht ausdrücken können, sind benachteiligt.

In geschlossenen Fragen sind die Antworten vorgegeben. Durch Ankreuzen kann die entsprechende Antwort ausgewählt werden.

Vorteil: Ohne eigene Worte kann die Beantwortung vorgenommen werden.

Nachteil: Die Befragten können nicht zusätzlich Stellung nehmen, sie können nur eine Auswahl treffen.

Bei Mischformen von offenen und geschlossenen Fragen - so genannte halboffene Fragen - sind die Antworten vorgegeben. Es besteht aber eine zusätzliche Ankreuzmöglichkeit mit einer freien Linie, auf welcher der Befragte zusätzlich Stellung nehmen kann.

Vorteil: Der Befragte kann ergänzend Stellung nehmen, wenn er dies wünscht.

Nachteile: keine

Statements sind vorgegebene Aussagen oder Feststellungen. Diese werden anhand einer Rating Skala (Grad der Zustimmung bzw. der Ablehnung) beurteilt.

Vorteil: Der gezielte Einsatz von Statements führt im Beantwortungsprozess zur erhöhten Aufmerksamkeit bezüglich der Thematik bei den befragten Personen (Stigler & Reich, 2005, S. 143).

Nachteil: Die Befragten können bei den geschlossenen Fragen nicht zusätzlich Stellung nehmen.

Fazit der verwendeten Frageformate

Der Fragebogen enthält sowohl offene, halboffene und geschlossene Fragen wie auch Statements, die klar formuliert sind. Bewusst werden nicht nur geschlossene Fragen und Statements gewählt, da man mit solchen oft an der Oberfläche bleibt, was oft erst bei der Interpretation der Resultate ersichtlich wird (Moser, 2008, S. 63).

Die Folgende Rating-Skala wir für die Erwartungshaltung der Aussagen benutzt:

Statement			
☐	☐	☐	☐
trifft nicht zu	trifft eher nicht zu	trifft eher zu	trifft zu

Als Rating-Skala wurde bewusst eine vierstufige Skala verwendet, damit die Befragten sich für eine Tendenz - eher positive im Sinne einer Chance oder eher negativ im Sinne einer Grenze - entscheiden müssen. Den so genannten Antwortverweigerern wurde somit die Möglichkeit des Ankreuzens der Mittelkategorie genommen.

Bei Fragen zu formalen Inhalten wie Angaben zur Person des SHP wurden andere, zweckdienliche Formate gewählt. Diese sind dem Fragebogen im Anhang zu entnehmen.

Fragebogen Kategorien

Der Fragebogen wurde ausgehend von den untenstehenden Kategorien, die sich aus dem theoretischen Wissen durch die Bearbeitung der Literatur, in Kapitel 4 herauskristallisiert haben, generiert.

- Kategorie Wissen
- Kategorie Erfahrungen
- Kategorie Voraussetzungen & Grundhaltung
- Kategorie Beschulung
- Kategorie Unterricht
- Kategorie Förderung
- Kategorie Interdisziplinäre Zusammenarbeit

Zur Kategorie allgemeines und spezifisches Wissen werden formale geschlossene und halb offene Fragen gestellt. Ebenfalls findet man formulierte Statements in dieser Kategorie. Die Mehrheit bilden die formalen geschlossenen Fragen.

Für die Kategorie Erfahrungen mit Epilepsie werden nur Statements formuliert.

In der Kategorie Voraussetzungen & Grundhaltung werden eine offene Frage, zwei geschlossene Fragen und hauptsächlich Statements formuliert.

Zu den Kategorien Schulalltag, Unterricht, Förderung und Interdisziplinäre Zusammenarbeit werden fast ausschliesslich klar formulierte Statements in Form von Erwartungen oder Erfahrungen gestellt. In der Kategorie Förderung werden die Statements mit einer Ausnahme, einer halboffenen Frage ergänzt. In der Kategorie Integrativer Unterricht ergänzt eine geschlossene Frage die Statements.

Alle Fragen und Statements wurden gestützt auf die in Kapitel 4 vorgestellte Literatur, formuliert, bei welchen die SHP ihre Erfahrungen oder Erwartungshaltung einschätzen sollten. In der Folge werden diese Fragen und Aussagen aufgelistet.

Kategorie Wissen – allgemeines & spezifisches Wissen

- Ich habe schon einmal von Epilepsie gehört.
- Ich halte Epilepsie für eine chronische Krankheit, Behinderung, Geisteskrankheit.
- Haben Kinder mit Epilepsie eine zusätzliche Erkrankung oder Behinderung – Wenn ja, welche?
- Ich verfüge über Wissen in Bezug auf Epilepsie im Allgemeinen: Geschichte, Medizin, psychologische & neuropsychologische Aspekte.

- Ich verfüge über Wissen in Bezug auf Epilepsie und Schule: Lern- und Leistungsverhalten, Verhaltensauffälligkeiten, Medikamente & deren Wirkungen, Einschränkungen & Gefahren, Anfälle & Erste Hilfe.
- Für eine gelingende Integration von Kindern mit Epilepsie habe ich noch Bedarf an folgendem Wissen.

Kategorie Erfahrungen

- Ich verfüge über Erfahrungen mit Menschen mit Epilepsie im privaten Bereich.
- Ich verfüge über frühere Erfahrungen mit Schülern mit Epilepsie.
- Ich fördere & unterstütze aktuell Schüler mit Epilepsie.
- Ich habe schon einmal einen epileptischen Anfall (Grand Mal) gesehen oder miterlebt.

Kategorie Voraussetzungen & Grundhaltung

- Bei dem Gedanken an ein Kind mit Epilepsie steigen in mir folgende Gefühle hoch.
- Die Vorstellung von der schulischen Integration von Kindern mit Epilepsie löst in mir folgende Vorstellung aus.
- Ich erachte mich in Bezug auf eine Integration von einem Kind mit Epilepsie als qualifiziert.
- Ich bin zu einer Weiterbildung in Form eines Kurses im Bereich Epilepsie & Schule bereit, falls ein Kind mit Epilepsie in meiner Schule integriert werden soll.
- Ich verfüge über konkrete Materialien und Hilfsmittel für die optimale Förderung von Schülern mit Epilepsie sowie für interdisziplinäre Zusammenarbeit diesbezüglich.
- Wenn die notwendigen Voraussetzungen vorhanden sind, kann ich mir vorstellen, Schüler mit Epilepsie mit folgendem Förderbedarf zu fördern und zu unterstützen.

Kategorie Beschulung

- Kinder mit Epilepsie sollen die Möglichkeit haben, an ihrem Wohnort zur Schule gehen zu können.
- Die Eltern des Kindes mit Epilepsie sollen die Schulungsform ihres Kindes massgeblich mitbestimmen können.
- Schüler mit Epilepsie bedürfen aufgrund ihrer Beeinträchtigung einer Sonderrolle in der Schule, die durch die SHP definiert wird.
- Die Beaufsichtigung, Begleitung und Rücksichtnahme bei Kindern mit Epilepsie ist rund um die Uhr durch eine Fachperson zu gewährleisten.

- Regelungen, Vorsichtsmassnahmen und Einschränkungen werden durch die SHP in Absprache mit den Eltern auf ein notwendiges Minimum definiert, um den Entwicklungsspielraum für diese Kinder möglichst gross zu halten.

Kategorie Unterricht

- Die sachliche Information der Mitschüler über Epilepsie des Kindes ist Voraussetzung für die soziale Integration dessen.
- Der Einbezug des Kindes mit Epilepsie ist bei der Informationsweitergabe an Mitschüler oder Behandlung des Themas im Unterricht von Wichtigkeit für dessen soziale Integration & emotionale Entwicklung.
- Die Behandlung der Thematik Epilepsie in Form eine Projekttages, Sonderthemas, fächerübergreifend etc. durch die SHP dient massgeblich der Integration von Kindern mit Epilepsie.
- Der integrative Unterricht hat einen positiven Einfluss auf die Lernentwicklung von Kindern mit Epilepsie.
- Diese Massnahmen der Unterrichtsgestaltung wirken sich unterstützend auf die integrative Schulung von Kindern mit Epilepsie aus.
- Welche Unterrichtsmethoden bewähren sich bei der integrativen Schulung von Kindern mit Epilepsie?
- Die Anwesenheit von Kindern mit Epilepsie im integrativen Unterricht hat einen positiven Einfluss auf die Entwicklung der sozialen Kompetenzen von allen Schülern.

Kategorie Förderung

- Für die Bewältigung der Integration von Kindern mit Epilepsie sind die aktuellen zeitlichen Ressourcen für die Förderung des Kindes ausreichend.
- Für die Bewältigung der Integration von Kindern mit Epilepsie sind die aktuellen zeitlichen Ressourcen für die Förderung der anderen Schüler mit Beeinträchtigung ausreichend.
- Die Basis der optimalen Förderplanung legt die psychologische und neuropsychologische Diagnostik.
- Regelmässige Beobachtungen der Kinder mit Epilepsie im Unterricht bieten eine gute Grundlage für die Förderplanung.
- Die Eltern werden in die Entscheidungsprozesse, welche die individuelle Förderung des Kindes betreffen, einbezogen.
- Kinder mit Epilepsie haben einen höheren Förderbedarf im Bereich Teilleistungen, Verhaltensauffälligkeiten, beiden Bereichen, keinem Bereich.

> Dieses Fördersetting wirkt sich erfolgreich auf die Förderung von Kindern mit Epilepsie aus: Teamteaching, Einzelförderung, Gruppenförderung.

Kategorie Interdisziplinäre Zusammenarbeit

> Die interdisziplinäre Zusammenarbeit im Schulhausteam ist eine grundlegende Voraussetzung für eine Integration von Kindern mit Epilepsie.
> Der regelmässige Austausch mit den Eltern des Kindes bezüglich Wohlbefinden, schulischen Leistungen und Krankheitsverlauf ist als Selbstverständlichkeit zu handhaben.
> Die Interdisziplinäre Zusammenarbeit ist mit folgenden Fachpersonen ebenfalls von Wichtigkeit: behandelnder Arzt, Psychotherapeut, Neurologe, Epilepsie-Klinik, Epilepsie-Beratungsstelle, Selbsthilfegruppen, Laufbahnberatung.

Fragebogen -Aufbau

Angaben zur Person des SHP
Frage nach Geschlecht
Fragen nach Lebensalter
Frage nach Berufserfahrung als SHP
Frage nach Schulform der aktuellen Arbeitsstelle
Frage nach der Stufe der aktuellen Arbeitsstelle
Frage nach dem Schulkanton

Wissen

Frage nach allgemeinem Wissen betreffend Epilepsie
Gewichtung von allgemeinen Wissensaspekten der Epilepsie
Frage nach spezifischem Wissen betreffend integrierter Schüler mit Epilepsie
Gewichtung von spezifischem Wissen betreffend schulischer Integration von Kindern mit Epilepsie
Frage nach fehlendem Wissen betreffend Epilepsie & Schulischer Integration

Erfahrung

Fragen nach privaten und beruflichen Erfahrungen mit Menschen mit Epilepsie
Frage nach aktueller Erfahrung im Berufsalltag
Frage nach Erfahrung mit einem Grand Mal

Voraussetzungen & Grundhaltung

Gewichtung der persönlichen Grundhaltung gegenüber der schulischen Integration von Kindern mit Epilepsie

Gewichtung der persönlichen Voraussetzungen für die Begleitung einer Integration

Frage nach und Gewichtung der institutionellen Voraussetzungen betreffend Integration

Beschulung

Gewichtung der Einschränkungen

Gewichtung der Betreuung

Gewichtung der Stigmatisierung

Gewichtung der Wahl der Schulungsform

Unterricht

Gewichtung der sozialen Entwicklung und Lernentwicklung der Schüler

Gewichtung der Unterrichtsgestaltung

Gewichtung der Thematisierung von Epilepsie im Klassenunterricht

Fragen nach den Unterrichtsmethoden

Förderung

Gewichtung der Mittel für die Förderplanung

Gewichtung der verschiedenen Fördersettings

Gewichtung der Ressourcen des SHP für die Förderung

Gewichtung des Förderbedarfs

Frage nach der Unterscheidung der Förderung

Interdisziplinäre Zusammenarbeit

Gewichtung der Ressourcen des SHP für die Förderung

Gewichtung der Zusammenarbeit mit den Eltern

Gewichtung der Zusammenarbeit im Schulhausteam

Gewichtung der Zusammenarbeit mit Fachpersonen

Was ich noch sagen wollte, was eventuell im Fragebogen zu kurz gekommen ist

Offene Frage

Nebst den gezielten Fragestellungen werden die Forschungsergebnisse durch die Triangulation der Forschungsmethoden besser abgesichert.

5.2.2 Triangulation

In unserer Untersuchung werden zwei verschiedene Wahrnehmungsperspektiven einbezogen. Der Sachverhalt wird so mehrperspektivisch beleuchtet (Moser, 2008, S. 49).

So wird eine theoretische Triangulation zwischen Literaturwissen und Umfragewissen, in Form einer Gegenüberstellung der beiden Sichtweisen, um Schnittpunkte zu eruieren, Widersprüche in der Thematik zu entdecken, generiert. Für die Auflösung der Widersprüche werden wir lösungsorientierte Ansätze darlegen (Moser, 2008, S. 50).

5.2.3 Member Check

Der Member Check als Datenfeedback an die Befragten zur Überprüfung der Resultate dient der kommunikativen Validierung der Forschungsresultate.

In unserer Untersuchung wird ihm insofern Rechnung getragen, dass die Resultate unserer Forschung an die schriftlich befragten Personen, soweit erwünscht, zurückgegeben werden. So werden diese mit den Forschungsresultaten konfrontiert und müssen sich damit auseinandersetzen (Moser, 2008, S. 51). Das Vertrauen in die Daten, im Sinne der Adäquatheit kann so erhöht werden (ebd.).

5.3 Datenanalyse

In diesem Kapitel werden die erhobenen Daten empirisch analysiert ausgewertet, interpretiert und in Beziehung zueinander gesetzt. Im Diskussionsteil werden die Resultate erneut in Beziehung zueinander gesetzt, weiter verdichtet, um anschliessend die Fragestellung der vorliegenden Untersuchung beantworten und diskutieren zu können. Aufgrund der Forschungsresultate und dem ergänzenden, spezifischen Literaturstudium werden lösungsorientierte Ansätze erarbeitet.

5.3.1 Auswertung der Daten

Die Auswertung der Daten erfolgt hauptsächlich quantitativ. Bei der quantitativen Auswertung geht es darum, interessierende Gesichtspunkte der Realität zu quantifizieren und damit verrechenbar zu machen (Moser, 2008, S. 104).

Mit invarianten Analysemethoden wurde in die eigentliche Analysetätigkeit eingestiegen. Zu den invarianten Methoden gehören die Mass- und Verhältniszahlen wie Häufigkeit, Mittelwert und Prozentzahlen. Diese dienen dazu, den Sachverhalt zu beschreiben. Diese dienen dazu, den Sachverhalt zu beschreiben - reine Deskription (Kornmeier, 2008, S. 122). Anschliessend wurden bivariate Analysemethoden, wie z.B. die Kreuztabellierung angewendet, um einfache, erste Zusammenhänge zu entdecken. Neben der Kreuztabellierung gibt es im Bereich der bivariaten Analysemethoden noch die Querschnittsanalyse, die Zeitpunktbetrachtung, die Zeitraumbezogene Analyse und die Analyse mit Portfolio Ansatz, die in dieser Untersuchung nicht zum Zuge kommen.

Das Potential der empirischen Untersuchung wird durch das bivariate Analyseverfahren genutzt und bleibt nicht aufgrund von rein deskriptiven Auswertungsverfahren brach liegen.

Die qualitative Analyse der Antworten zu den halboffenen Fragestellungen dient dem Diskussionsteil der Untersuchung als erweiterte Basis. Es wurde die Grundform der Strukturierung gemäss Mayring (2002) angewendet. Das Ziel ist, bestimmte Aspekte aus dem Material herauszufiltern, um das Material aufgrund bestimmter Kriterien einzuschätzen (S. 115).

> Dabei erfolgt die Globalanalyse, grobe Inhaltsanalyse via Stichprobe am Textrand, Markierung von zentralen Begriffen oder Aussagen. So wurde die Orientierung im Textmaterial erleichtert. Folgend wurden Kategorien entwickelt, Definitionen formuliert und Ankerbeispiele aus dem Textmaterial herausgesucht. Abschliessend wurden Kodierregeln aufgestellte, welche die einzelnen Kategorien eindeutig voneinander abgrenzen. Dieses Kategoriensystem wurde genutzt, um den Text nach Stellen mit passenden Aussagen zu durchforsten. Diese Art der Inhaltsanalyse wurde gewählt, um das Textmaterial strukturiert an die Theorie heranzuführen und die Fragestellungen anschliessend beantworten zu können (Mayring, 2002, S. 121).

5.4 Darstellung der Daten

5.4.1 Computernutzung

Bei grossen Datenmengen, als Resultat dieses breit angelegten Survey, ist die Computernutzung als effektive und effiziente Nutzung sinnvoll (Moser, 2008, S. 51). Der Computer wird für sämtliche Dokumentation von Beginn der Untersuchung weg genutzt. So konnte das gesamte Material übersichtlich geordnet, zusammengefasst und für die Weiterarbeit abgelegt werden.

5.4.2 Forschungsbericht

Als Hintergrund für den Forschungsbericht selber dient unsere Haltung, die dem Forschungsgegenstand Wertschätzung zeigt. Als erstes werden die Anstrengungen und das Engagement gewürdigt. Wir fungieren als Berichterstatter, können als solche differenzierte Kritik äussern und Verhaltensweisen hinterfragen. Die dichte Beschreibung des Berichtes wird durch Originalzitate aus den halboffenen Fragen und Graphiken, hauptsächlich in Form von Diagrammen für den Leser spürbar gemacht werden. Das Ziel, das damit verfolgt wird, ist, den Empfänger zum Lesen zu animieren und mit dem Bericht überzeugen zu können.

5.5 Zeitlicher Ablauf

Laut Moser (2008, S. 54) ist „die Terminplanung besonders wichtig, wobei sie im Verlauf des Forschungsprozesses fortlaufend überprüft und gegebenenfalls angepasst werden soll."

Das Vorgehen verläuft in 5 Phasen:

Phase 1:   Vorbereitung
Phase 2:   Durchführung
Phase 3:   Auswertung und Interpretation
Phase 4:   Diskussion der Ergebnisse
Phase 5:   Überarbeitung

Die Phasen werden im Folgenden tabellarisch dargestellt:

	Kalenderwoche	Phase	Vorgehen
M	47/09-09/10	1	Planung und Vorbereitung der Datenerhebung
A			Literaturbearbeitung, Ausarbeitung des Fragebogens, Probedurchlauf
S			Fragebogen -> Überarbeitung Fragebogen, Probandensuche
T	KW 10	2	Durchführung:
E			elektronischer Versand Fragebogen an Probanden
R	KW 11/12	3	Dateneingabe
	KW 13-16	3	Datenanalyse: Auswertung, Interpretation, Vergleich mit Literatur
P	KW 17-19	4	Diskussion der Ergebnisse,
L	KW 20	5	Schreibarbeit und Layout
A	KW 21/22	5	Gegenlesung
	KW 23	5	Überarbeitung und Bindung
N	KW 24		Abgabe der Masterthese
	KW 27		Präsentation der Masterthese

Abb. 3: Tabelle – Terminplanung nach Moser (2008)

6 Forschungsanalyse

6.1 Beschreibung der Stichprobe

Für die Umfrage wurden knapp 800 Schulische Heilpädagogen in den Kantonen Zürich und in der Ostschweiz (Kanton St. Gallen, Appenzell Ausserrhoden und Innerrhoden) elektronisch angeschrieben. Der Rücklauf betrug 176 beantwortete Fragebogen. Dies entspricht einem Prozentsatz von 22.3%. Streuverlust aufgrund technischer Probleme und Möglichkeiten, Weiterleitungsprobleme bei der Gewährperson im Kanton Zürich, Nicht-Erreichbarkeit bei den SHP im angegebene Zeitraum können rücklaufmindernde Faktoren gewesen sein.

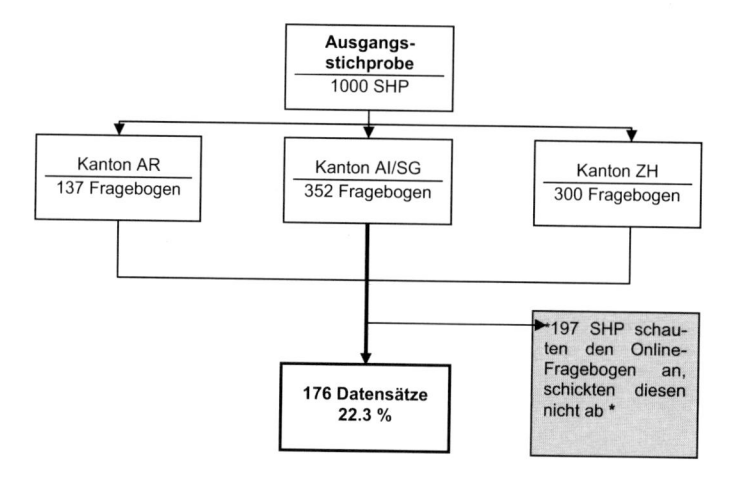

```
                    ┌─────────────────┐
                    │  Ausgangs-      │
                    │  stichprobe     │
                    │  1000 SHP       │
                    └────────┬────────┘
         ┌─────────────────┬─┴───────────────┐
         ▼                 ▼                 ▼
  ┌──────────────┐  ┌──────────────┐  ┌──────────────┐
  │  Kanton AR   │  │ Kanton AI/SG │  │  Kanton ZH   │
  │137 Fragebogen│  │352 Fragebogen│  │300 Fragebogen│
  └──────┬───────┘  └──────┬───────┘  └──────────────┘
         │                 │
         │                 │          ┌──────────────────┐
         │                 │          │►197 SHP schau-   │
         │                 │          │ten den Online-   │
         │                 │          │Fragebogen an,    │
         │          ┌──────▼───────┐  │schickten diesen  │
         └─────────►│176 Datensätze│  │nicht ab *        │
                    │   22.3 %     │  └──────────────────┘
                    └──────────────┘
```

Abb. 4: Flussdiagramm Rücklauf

Eine Auswertung im Sinne einer kritisch-prüfenden Analyse bezüglich der nicht zurückgesandten Fragebogen wäre sehr interessant, denn gemäss Altrichter & Posch (2007, S. 203) kann der definitive Geltungsbereich der Resultate erst durch eine progressive wie regressive Forschung aufgezeigt werden. Von dieser Auswertung wird abgesehen, da sie den zeitlichen Rahmen der Untersuchung sprengen würde.

An der Befragung nahmen **133** Schulische **Heilpädagoginnen** und **42** Schulische **Heilpädagogen** teil. Zwei teilnehmende Personen haben die Frage bezüglich Geschlechterzugehörigkeit nicht beantwortet, eventuell wollten sie geschlechtsneutral an der Befragung teilnehmen, um keine geschlechtsspezifische Tendenz zu ermöglichen. Aus dem Kanton Zürich nahmen 23 Personen teil, aus dem Kanton SG 105 Personen, aus dem Kanton AR 35 und aus dem Kanton AI 5. Zehn Personen haben zur Kantonszugehörigkeit keine Angaben gemacht. Vergleicht man die Anzahl der teilnehmenden Personen mit den angeschriebenen, so kann man sagen, dass in allen Ostschweizer Kantonen 33% der angeschriebenen Personen an der Befragung teilgenommen haben. Im Kanton Zürich waren es nur 7.5 %.

Diese Resultate sprechen für eine Tendenz aller Aussagen von mehr weiblichen Schulischen Heilpädagogen in eher ländlichen Gebieten.

Die Verteilung der Teilnehmer auf die definierten Alterskategorien, die berufliche Erfahrung, die Schulform und die Schulstufen der aktuellen Arbeitsstelle der SHP können den nachfolgenden Diagrammen und Tabellen entnommen werden.

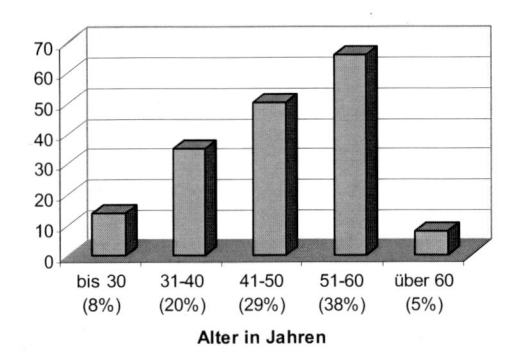

Abb. 5: Diagramm Stichprobe – Verteilung auf Alterskategorien

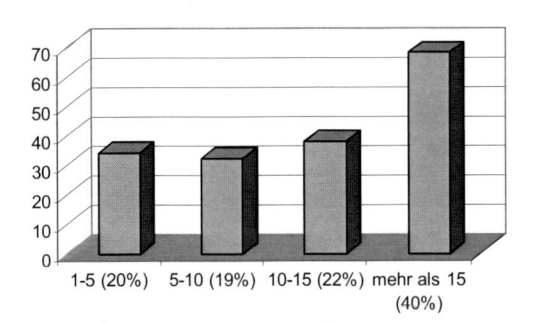

Abb. 6: Diagramm Stichprobe – Verteilung auf Anzahl Jahre Berufserfahrung

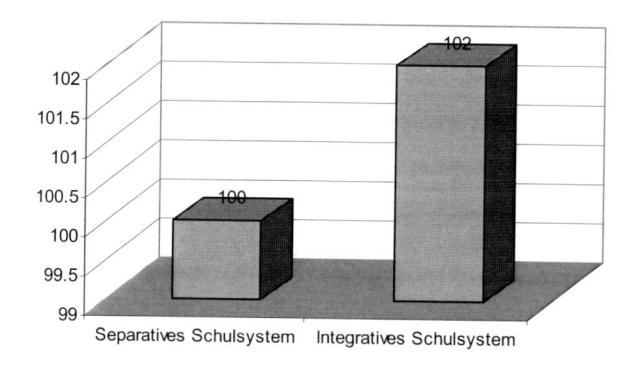

Abb. 7: Diagramm Stichprobe – Verteilung auf die beiden Schulsysteme

	Heilpädag. Schule/ Institution	Sprachheil- /Gehörlosenschule	Klein-/Einführungsklasse
Separatives Schulsystem	36	1	63

	Regelschule: IF/ISF	Regelschule ISS	Sonstige
Integratives Schulsystem	82	10	10

Abb. 8: Tabelle Stichprobe – Verteilung innerhalb der Schulsysteme

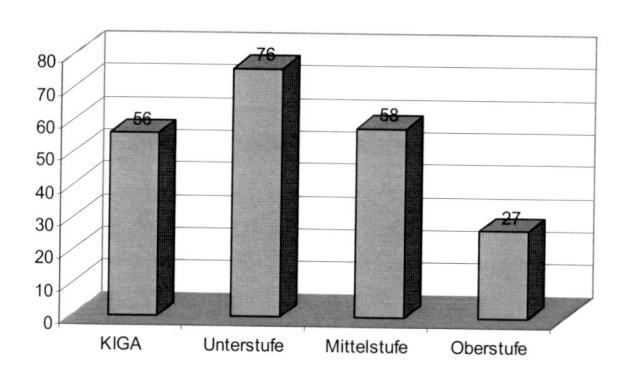

Abb. 9: Diagramm Stichprobe – Verteilung auf die Stufen (Mehrfachantworten)

6.2 Auswertung der Kategorien

Fragen und Aussagen der einzelnen Kategorien werden gesondert ausgewertet und interpretiert. Aus den Interpretationen der Aussagen werden Schlüssen über Erwartungen der SHP in Form von Chancen und Grenzen in Bezug auf die Integration von Kindern mit Epilepsie in der Integrativen Schulungsform gezogen. Die Chancen und Grenzen stützen sich auf die Theorie unter 4.

6.2.1 Kategorie Wissen

Die Fragen 7, 8, 9, 9a, 10, 11 und 12 zeigen, welches Alltagswissen, welches Wissen von Epilepsie im Allgemeinen, welches spezifische Wissen und welcher Wissensbedarf in Zusammenhang mit der schulischen Integration bei den befragten SHP vorhanden ist. Abschliessend werden die Chancen und Grenzen für eine schulische Integration von Kindern mit Epilepsie im Bereich Wissen eruiert.

Nr.	Bereiche Alltagswissen	JA	NEIN	WEISS ICH NICHT
7	Wissen über das Vorhandensein von Epilepsie	129 (99%)		1 (1%)
8	Wissen über: Epilepsie = chronische Krankheit	83 (64%)		16 (12%)
	Wissen über: Epilepsie = Behinderung	55 (42 %)		11 (8%)
	Wissen über: Epilepsie = Geisteskrankheit	0 (0%)		2 (1%)
9	Wissen über zusätzliche Erkrankungen in Kombination mit Epilepsie	29 (22%)		54 (42%)

Abb. 10: zu 7   Abb. 11: zu 8   Abb. 12: zu 8   Abb. 13: zu 8   Abb. 14: zu 9

Interpretation

129 von 130 Teilnehmern wissen, dass es Epilepsie gibt, haben schon einmal davon gehört. Ebenfalls wissen sozusagen alle SHP auch, dass Epilepsie keine Geisteskrankheit ist: 128 Nennungen. Über 50% wissen auch, dass Epilepsie eine chronische Krankheit ist und fast 50% verfügen über das Wissen, dass Epilepsie im rechtlichen Sinn als Behinderung definiert wird. Bei der Frage 5 wurde das Wissen über Epilepsie bereits ein wenig differenzierter erforscht. Da ist bereits eine Reduktion der JA Antworten von anfangs 129 auf 29 ersichtlich. 47 SHP haben die Frage sogar falsch beantwortet, also fast die Hälfte aller. Die 29 Teilnehmer, die richtig geantwortet haben, gaben in der offenen Frage 5a sehr genau Auskunft über

verschiedene Nebenerkrankungen. Es wurde Wahrnehmungsbehinderungen räumlicher und visueller Natur, Wahrnehmungsstörungen, ADS, ADHS; körperliche Behinderungen wie Muskeldystrophie, Muskelschwund, Spitzfuss, Hämiplegie, Tetraplastik; geistige Behinderung und Mehrfachbehinderungen, um nur die am häufigsten Erwähnten aufzählen, genannt. Dies kann so interpretiert werden, dass punktuell sehr detailliertes, sehr spezifisches Wissen über Epilepsie vorhanden ist. Es ist aber kein breites spezifisches Wissen vorhanden. Dies zeigt sich auch in den 54 „WEISS-ICH-NICHT" Nennungen, fast der Hälfte aller.

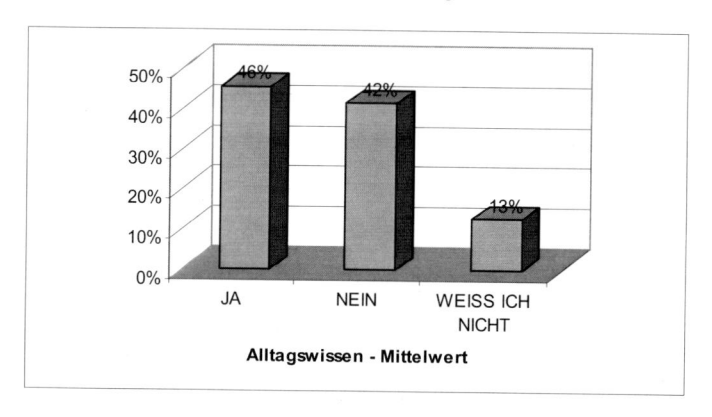

Abb. 15: Wissen – Diagramm Alltagswissen –Mittelwert

Interpretation

Das Diagramm über die Auswertung des durchschnittlichen Alltagswissen zeigt ein ausgeglichenes Bild betreffend Wissen und Unwissen über Epilepsie oder anders ausgedrückt, die Hälfte der befragten SHP verfügen über Alltagswissen, die andere Hälfte nicht.

Chancen und Grenzen

Nur noch sehr wenige Personen, weniger als 10%, in der Schweiz halten gemäss 1. Umfrage über Epilepsie in der Schweizer Bevölkerung durch Epi-Suisse für eine Geisteskrankheit (Epi-Suisse, 2003).

Es zeigt sich im Bereich Alltagswissen folgendes Bild:

Chance	n	59	Neutral	17
Grenzen		54		

Aussage 10

Ich verfüge über Wissen in Bezug auf Epilepsie im Allgemeinen.

Nr.	Allgemeines Wissen	trifft nicht zu	trifft eher nicht zu	trifft eher zu	trifft zu
10	Wissen über Definition, Begriff	15 (12%)	30 (24%)	63 (50%)	18 (14%)
	Geschichte	45 (35%)	53 (42%)	20 (16%)	8 (6%)
	Medizinische Aspekte	20 (16%)	29 (23%)	67 (53%)	10 (8%)
	Neuropsychologische Aspekte	29 (23%)	35 (28%)	52 (41%)	10 (8%)
	Psychologische Aspekte	27 (21%)	44 (35%)	44 (35%)	11 (8%)

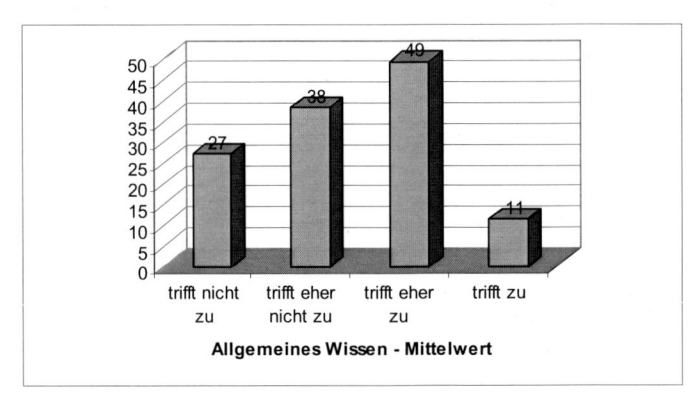

Abb. 16: Diagramm zu Aussage 10

Interpretation

Die positiven Erwartungen der befragten SHP stehen im Gleichgewicht mit den negativen Erwartungen im Bereich des allgemeinen Wissens über Epilepsie. Das Diagramm zeigt zudem ein eher ausgeglichenes Bild im Bereich negativer Wertung: 22 Nennungen und 31 Nennungen. Im gegenteiligen Bereich hingegen ist ein sehr unausgeglichenes Bild ersichtlich. Im Durchschnitt können nur 10 Personen über sich sagen, dass ein Allgemeinwissen bei ihnen wirklich vorhanden ist. 44 Personen meinen, dass ihr allgemeines Wissen mehr oder weniger vorhanden ist.

Chancen und Grenzen

In der Umfrage von Wipf betreffend Wünschen und Bedürfnisse der Epilepsie Patienten und deren Familien wurde ein Bedarf an Aufklärungsarbeit über Epilepsie in Schulen geäussert (Wipf, 2009).

Es zeigt sich im Bereich allgemeines Wissen folgendes Bild:

Chance n 61
Grenzen 65

Aussage 11

Ich verfüge über spezifisches Wissen in Bezug auf Epilepsie und Schule.

Nr.	Spezifisches Wissen	trifft nicht zu	trifft eher nicht zu	trifft eher zu	trifft zu
11	Lern- und Leistungsverhalten	36 (27%)	14 (11%)	51 (39%)	29 (22%)
	Verhaltensauffälligkeiten	37 (28%)	20 (15%)	48 (37%)	25 (19%)
	Medikamente & deren Wirkung	37 (28%)	26 (20%)	42 (32%)	25 (19%)
	Einschränkungen & Gefahren	19 (15%)	16 (12%)	58 (45%)	37 (28%)
	Anfälle & Erste Hilfe	23 (18%)	20 (15%)	46 (35%)	41 (31%)

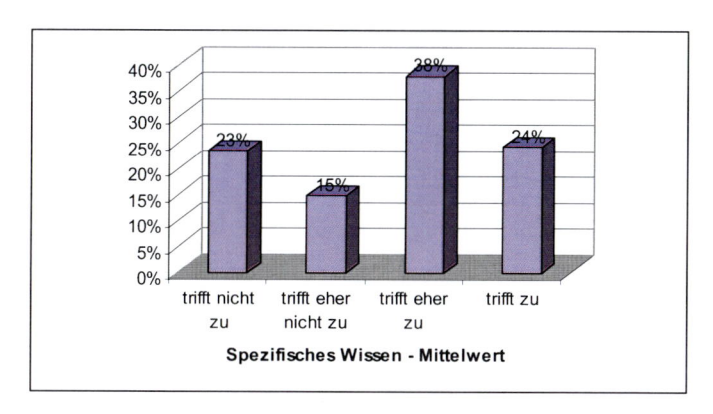

Abb. 17: Diagramm zu Aussage 11

Interpretation

Die befragten Personen sind der Meinung, dass zu ⅔ alle über spezifisches Wissen verfügen. Für dieses Resultat sprechen auch die schriftlichen Äusserungen in der halboffenen Frage 5, in der sehr spezifische, fachwissenschaftliche Antworten getätigt wurden. Ein Drittel der SHP hat die Erwartungshaltung, dass sie über zu wenig spezifisches Wissen im Bereich Epilepsie verfügen.

Chancen und Grenzen

„Obwohl Epilepsie unter Kindern und Jugendlichen eine häufig chronische Krankheit darstellt, ist das Wissen über die verschiedenen Formen und Auswirkungen sehr gering" (Schöler, 2009, S. 8).

Es zeigt sich im Bereich spezifisches Wissen folgendes Bild:

Chancen 81
Grenzen 49

Aussage 12

Für eine gelingende Integration von Kindern mit Epilepsie habe ich noch Bedarf an folgendem Wissen.

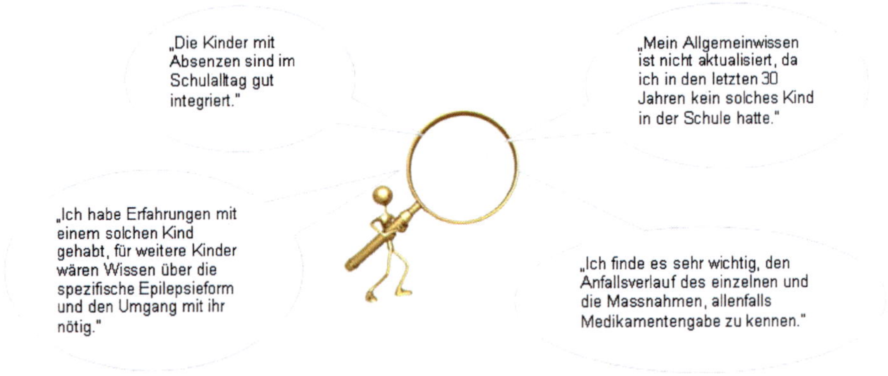

"Die Kinder mit Absenzen sind im Schulalltag gut integriert."

"Mein Allgemeinwissen ist nicht aktualisiert, da ich in den letzten 30 Jahren kein solches Kind in der Schule hatte."

"Ich habe Erfahrungen mit einem solchen Kind gehabt, für weitere Kinder wären Wissen über die spezifische Epilepsieform und den Umgang mit ihr nötig."

"Ich finde es sehr wichtig, den Anfallsverlauf des einzelnen und die Massnahmen, allenfalls Medikamentengabe zu kennen."

Abb. 18: Originalzitate SHP zur Thematik Fehlendes Wissen

Nr.	Fehlendes Wissen	JA	NEIN
12	Wissen über Anfallsleiden	62 (50%)	61 (50%)
	Wissen über med. Hintergrund	60 (49%)	63 (51%)
	Wissen über spezielle Bedürfnisse von den Kindern	84 (68%)	39 (32%)
	Wissen über Einschränkungen	65 (53%)	85 (47%)
	Wissen über spezielle Beeinträchtigungen	70 (57%)	63 (43%)
	Wissen über interdisziplinäre Zusammenarbeit in dieser Thematik	67 (54%)	66 (46%)
	Konkrete Beispiel in Bezug auf die spezielle Förderung von Kindern mit Epilepsie	86 (70%)	37 (30%)

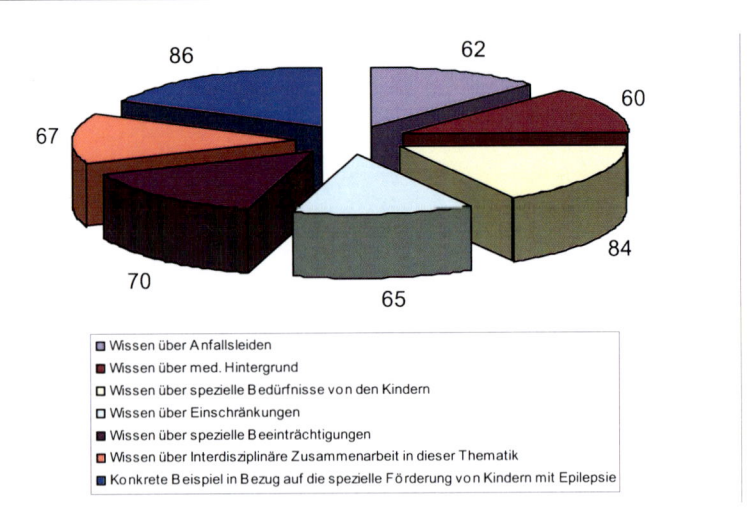

- Wissen über Anfallsleiden
- Wissen über med. Hintergrund
- Wissen über spezielle Bedürfnisse von den Kindern
- Wissen über Einschränkungen
- Wissen über spezielle Beeinträchtigungen
- Wissen über Interdisziplinäre Zusammenarbeit in dieser Thematik
- Konkrete Beispiel in Bezug auf die spezielle Förderung von Kindern mit Epilepsie

Abb. 19: Wissen – Diagramm zu Aussage 12 – Fehlendes Wissen

Interpretation

Mit 70% Nennung sticht der Bereich „Konkrete Beispiele in Bezug auf die spezielle Förderung von Kindern mit Epilepsie" hervor. Dies deckt sich auch mit unseren Literaturrecherchen. Es gibt wenig konkretes Material betreffend Epilepsie für die Schule. Vielen Lehrpersonen fehlt es an spezifischem Wissen über soziale und leistungsmässige Integrationsformen und den Umgang mit Schülern mit dieser Krankheit (Schöler, 2009, S. 8).

Bei allen aufgelisteten Wissensbereichen, ausser dem medizinischen Wissen, haben über 50% der SHP einen Bedarf an Wissen genannt. Es kann davon ausgegangen werden, dass bei 50% aller tätigen SHP ein Bedarf an ergänzendem Wissen über Epilepsie besteht oder negativ formuliert, zu wenig Wissen vorhanden ist.

Es zeichnet sich für die Kategorie Wissen folgendes Gesamtbild ab:

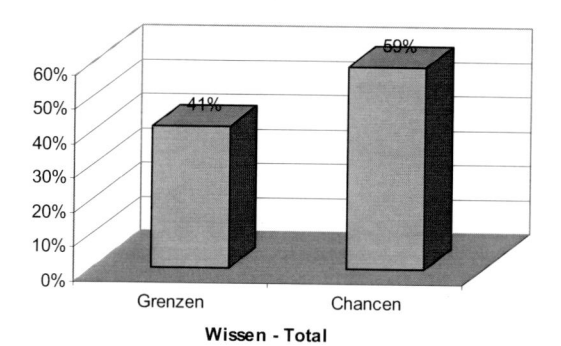

Abb. 20: Wissen – Diagramm Wissen total: Mittelwert

Mit 59% JA-Anteil haben drei Fünftel aller SHP mit dem Teilbereich Wissen Chancen für die Integration. Drei Fünftel haben die Erwartungshaltung, dass ihr Wissen im Bereich Epilepsie ausreicht, um eine zukünftige Integration erfolgreich gestalten zu können. Der Anteil der negativen Erwartungshaltung beträgt zwei Fünftel aller Befragten. Dieser relativ hohe Anteil darf nicht ausser Acht gelassen werden und muss lösungsorientiert mit Möglichkeiten zum Erwerb des fehlenden Wissens zukünftig verkleinert werden.

6.2.2 Kategorie Erfahrungen

Die Fragen 13, 14, 15 und 16 zeigen, über welche Erfahrungen mit Epilepsie die SHP bereits verfügen und für zukünftige schulische Integrationen von Kindern mit Epilepsie zurückgreifen können.

Nr.	Erfahrungen	JA	NEIN	WEISS ICH NICHT
13	Erfahrungen im privaten Bereich	40 (24%)	123 (74%)	4 (2%)
14	Frühere Erfahrungen mit Schülern	90 (55%)	70 (42%)	5 (3%)
15	Aktuelle Erfahrungen mit Schülern	45 (27%)	113 (68%)	17 (5%)
16	Erfahrung mit epileptischen Anfall: Grand Mal	72 (55%)	53 (41%)	5 (4%)

Abb. 21.: Tabelle Erfahrungen – Erfahrungen in den verschiedenen Bereichen

Interpretation

Die meisten Erfahrungen mit Epilepsie wurden im früheren Schulalltag mit 90 Nennungen gemacht. Ebenfalls wurden bereits von der Hälfte aller Befragten Erfahrungen mit der allgemein bekanntesten Epilepsieart, dem Grand Mal gemacht: 72 Nennungen. Im privaten Bereich haben die SHP am wenigsten Berührungen mit Menschen mit Epilepsie: 123 Nennungen. Ebenfalls sehr wenig Erfahrungen werden im heutigen Schulalltag: 113 Nennungen gemacht.

Chancen und Grenzen

Im Bereich Erfahrungen mit Epilepsie zeigt die Befragung über Epilepsie in der Schweiz von Epi Suisse, dass 64% der Schweizer über Erfahrungen mit Epilepsie verfügen (Presseportal, Epi Suisse, 2003, S. 1). Erfahrungen irgendwelcher Art mit Epilepsie sind immer eine Chance für die Neuintegration von Kindern mit Epilepsie. Auf Erfahrungen kann man zurückgreifen und darauf aufbauen.

Es zeigt sich im Bereich Erfahrungen folgendes Bild:

| Chance | n | 62 | Neutral | 8 |
| Grenzen | | 89 | | |

Aussage – Frühere Erfahrungen mit Schülern in Abhängigkeit der Berufserfahrung

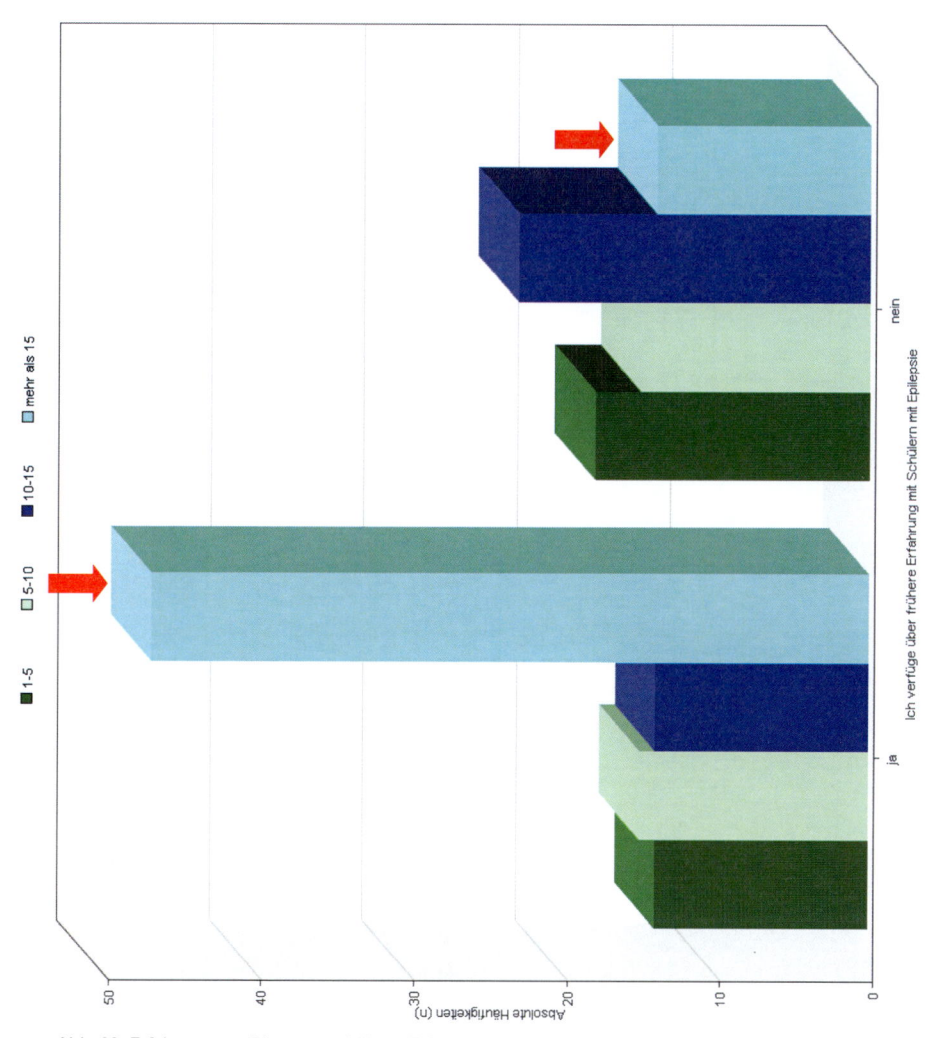

Abb. 22: Erfahrungen – Diagramm, frühere Erfahrungen in Abhängigkeit der Berufserfahrung

Interpretation

In diesem Diagramm ist klar eine Abhängigkeit der Häufigkeit der früheren Erfahrungen (90 Nennungen) von der Anzahl Jahre Berufstätigkeit als SHP (>als 15 Jahre). Dies kann so interpretiert werden, dass früher, die SHP mehr Schüler mit Epilepsie betreut haben als heute. Diese Interpretation wird auch durch die tiefe Anzahl Nennungen im Bereich aktuelle Erfahrungen mit Schülern mit Epilepsie manifestiert.

Aussage – Aktuelle Erfahrungen mit Schülern in Abhängigkeit von früheren Erfahrungen

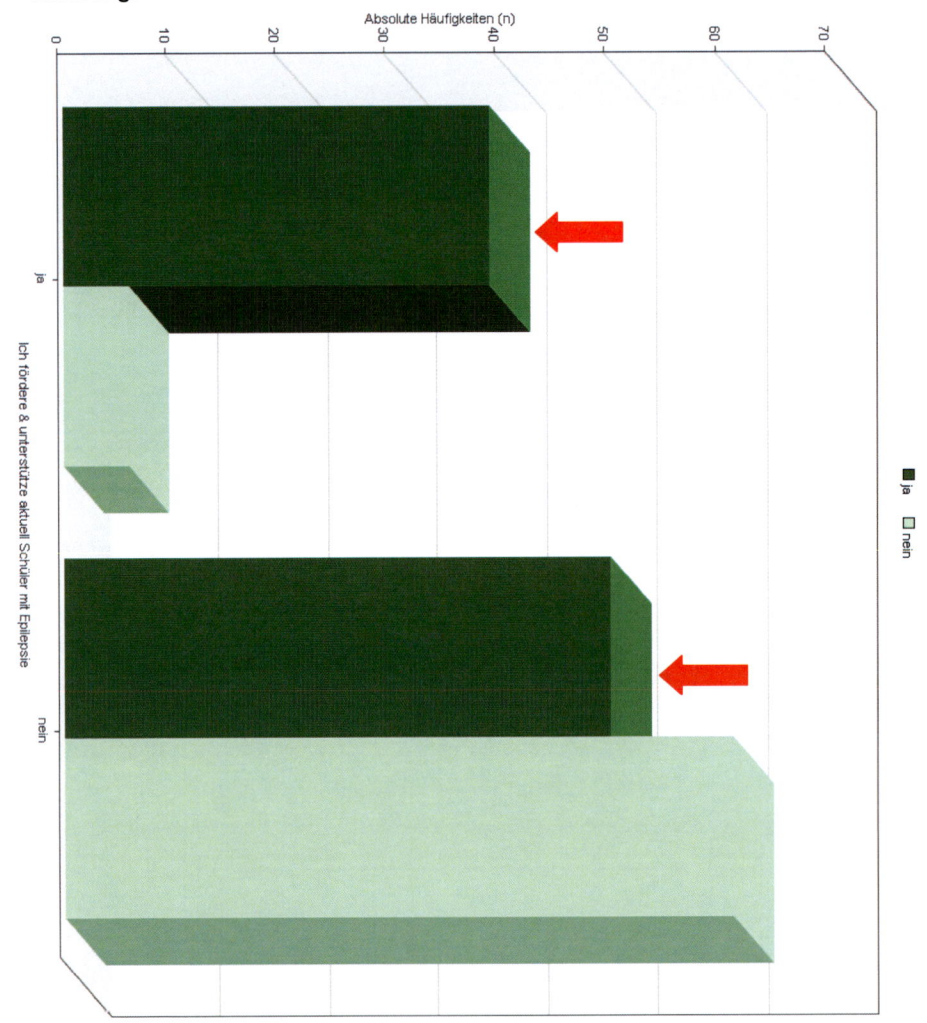

Abb. 23: Diagramm Erfahrungen – Aktuelle Erfahrungen in Abhängigkeit von früheren Erfahrungen mit Epilepsie im Schulalltag

Interpretation

Die Mehrheit aller SHP, die aktuell Schüler mit Epilepsie fördern (45 Nennungen), verfügen bereits über frühere Erfahrungen (90 Nennungen) und die Mehrheit aller, die aktuell keine solchen Schüler fördern (113 Nennungen), verfügen auch nicht über frühere Erfahrungen (70 Nennungen).

Gemäss den vier oben genannten Aussagen zeigt sich folgendes Bild über die Kategorie Erfahrungen:

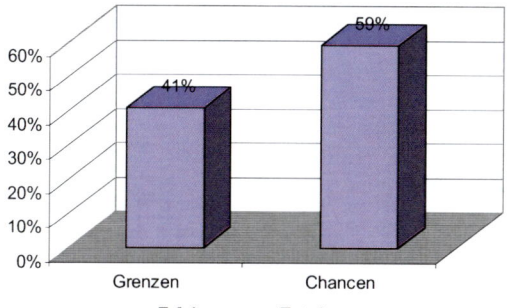

Erfahrungen - Total

- Grenzen: 41%
- Chancen: 59%

Abb. 24: Erfahrungen – Erfahrungen – Total – Mittelwert

Mit 59% JA-Anteil sind Chancen vorhanden. Der Nein-Anteil beträgt 41% und ist somit knapp ein Fünftel tiefer als die positiven Erwartungshaltungen. Erfahrungen sind vorhanden, aber nicht in überzeugendem Ausmass. Der chancenmässige Anteil von knapp drei Fünfteln ist in positiver Art bei der Integration von Kindern mit Epilepsie zu nutzen.

6.2.3 Kategorie Voraussetzungen & Grundhaltung

„Interdisziplinäre Zusammenarbeit vertiefen."

„Zusätzliche Ressourcen seitens der SHP."

„Integration muss konkret umgesetzt werden: Umdenken der Lehrpersonen -> Toleranz, Verständnis, Akzeptanz und Wertschätzung."

„In erster Linie gute Infos aller Beteiligten."

„Genaue Kenntnis der Epilepsieform, der notwendigen Massnahmen, Notfallprozedere, etc.."

„Da wir eine heilpäd. Schule sind, die ohnehin Kinder mit allen Beeinträchtigungen klassenübergreifend heterogen unterrichten, müssen wir keine Veränderungen vornehmen."

Abb. 25: Originalzitate SHP zur Thematik fehlende Voaussetzungen

Die Aussagen 17, 18, 19, 20, 21, 22 und 23 zeigen auf, welche Grundhaltung gegenüber Kindern mit Epilepsie bei den befragten SHP vorherrscht und welche Voraussetzungen vorhanden sind.

Grundhaltung

Aussage 17

Bei dem Gedanken an ein Kind mit Epilepsie steigen in mir folgende Gefühle hoch.

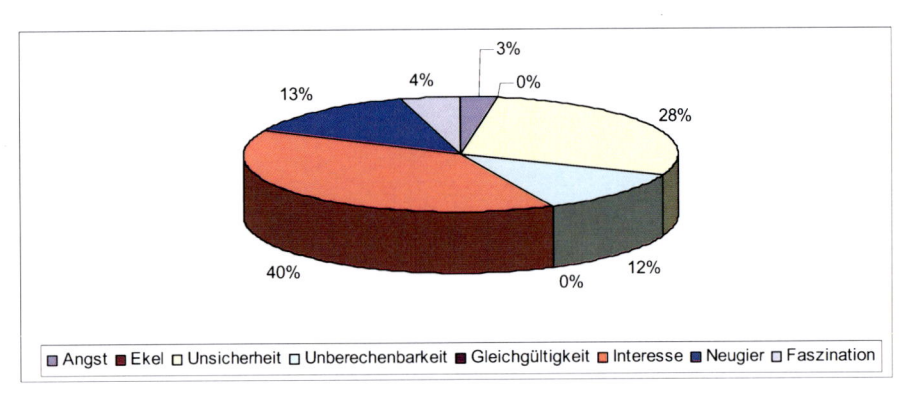

Abb. 26: Voraussetzungen & Grundhaltung – Diagramm zu Aussage 43 – Gefühle

Interpretation

Die Mehrheit der SHP hegt positive Gefühle gegenüber Kindern mit Epilepsie. Die Gefühlsbereiche Interesse, Neugier, Faszination zusammengefasst, ergeben den Anteil von 57%. Bei 28%, ein bisschen mehr als einem Viertel der SHP, besteht eine gewisse Unsicherheit. Ganz wenige empfinden wirklich negative Gefühle gegenüber Kindern mit Epilepsie.

Aussage 18

Schulische Integration von Kindern mit Epilepsie löst in mir folgende Vorstellung aus:

> - Das wäre in jeder Hinsicht spannend.
> - Keine Ahnung, was das für mich bedeuten würde.
> - Nicht ganz einfach – aber warum nicht?
> - Ich denke, ich wäre überfordert.
> - Nein, nur das nicht!

```
80 ┬─────────────────────────────────
                    62
60 ┤   51
40 ┤  ┌──┐
        │  │    17
20 ┤    │  │  ┌──┐
 0 ┴    └──┘  └──┘         1      0
                   1
```

☐ Das wäre in jeder Hinsicht spannend.
■ Keine Ahnung, was das für mich bedeuten würde.
☐ Nicht ganz einfach - aber warum nicht?
☐ Ich denke, ich wäre überfordert.
■ Nein, nur das nicht!

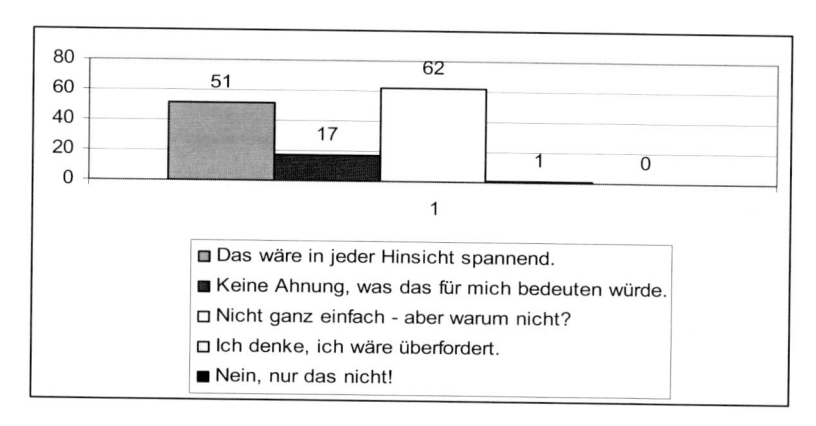

Abb. 27: Diagramm Voraussetzungen & Grundhaltung – Diagramm zu Aussage 18: Vorstellung

Interpretation

Das Diagramm zeigt, dass über 50% der SHP grundsätzlich eine positive Vorstellung von der schulischen Integration von Kindern mit Epilepsie haben. 51 Personen haben die Antwort: „Das wäre in jeder Hinsicht spannend" angekreuzt und 62 Personen ihr Interesse mit: „Nicht ganz einfach – aber warum nicht" deklariert.

Angaben zu Chancen und Grenzen

Im Hinblick auf den Erfolg der Integration spielt die Einstellung der Lehrpersonen, eine bedeutende Rolle (Cloerkes, 2007, S. 251ff).

Voraussetzungen

Aussage 19

Ich erachte mich in Bezug auf die Integration von einem Kind mit Epilepsie als qualifiziert.

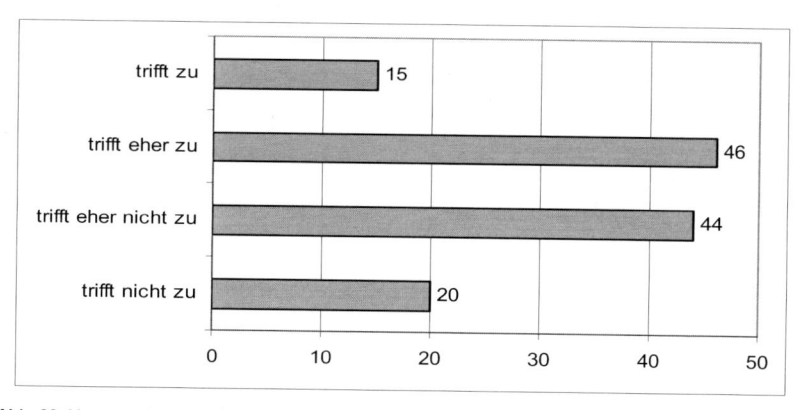

trifft zu	15
trifft eher zu	46
trifft eher nicht zu	44
trifft nicht zu	20

Abb. 28: Voraussetzungen & Grundhaltung -Diagramm zu Aussage 19

Interpretation

Die Aussagen über die persönliche Qualifikation halten sich beinahe die Waage. 64 Personen fühlen sich als nicht qualifiziert, 61 Personen fühlen sich als qualifiziert in Bezug auf die Integration von Kindern mit Epilepsie.

Chancen und Grenzen

Die schulische, wie auch vorschulische Integration von Kindern mit Epilepsie leistet einen wesentlichen Beitrag zur sozialen Integration derer. Die Basis hierfür legt eine entwicklungsfördernde Infrastruktur, in Form von entwicklungsfördernden Bedingungen und qualifiziertem Lehrpersonal (Sermier, 2006).

Es zeigt sich im Bereich Qualifikation folgendes Bild:

Chance	n	61
Grenzen		64

Aussage – Persönlichen Qualifikation in Abhängigkeit von früheren Erfahrungen mit Schülern mit Epilepsie

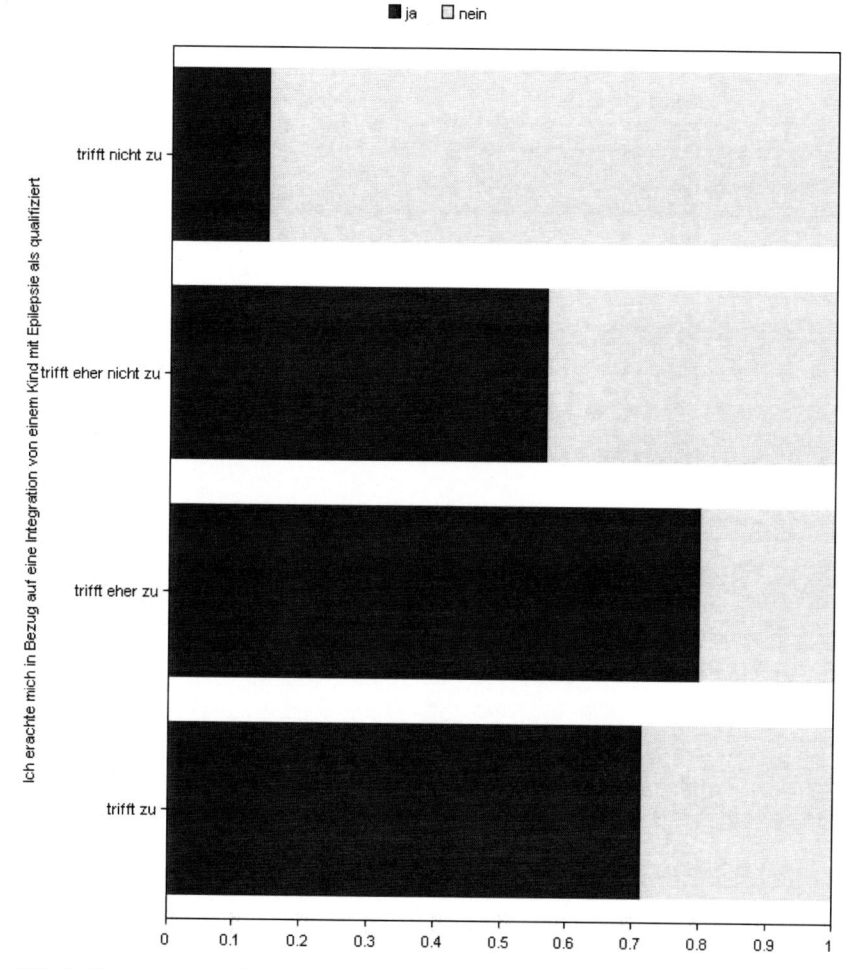

Abb. 29: Voraussetzungen & Grundhaltung – Diagramm Persönlichen Qualifikation in Abhängigkeit von früheren Erfahrungen mit Schülern mit Epilepsie

Interpretation

Das Diagramm zeigt, dass sich die SHP, die über keine früheren Erfahrungen mit Schülern mit Epilepsie verfügen (113 Nennungen) auch nicht qualifiziert für diese Tätigkeit erachten (64 Nennungen). Hingegen diejenigen, die über frühere Erfahrungen verfügen (43 Nennungen), sich bezüglich schulischer Integration von Kindern mit Epilepsie qualifiziert fühlen (61 Nennungen).

Aussage – Persönlichen Qualifikation in Abhängigkeit von aktuellen Erfahrungen mit Schülern mit Epilepsie

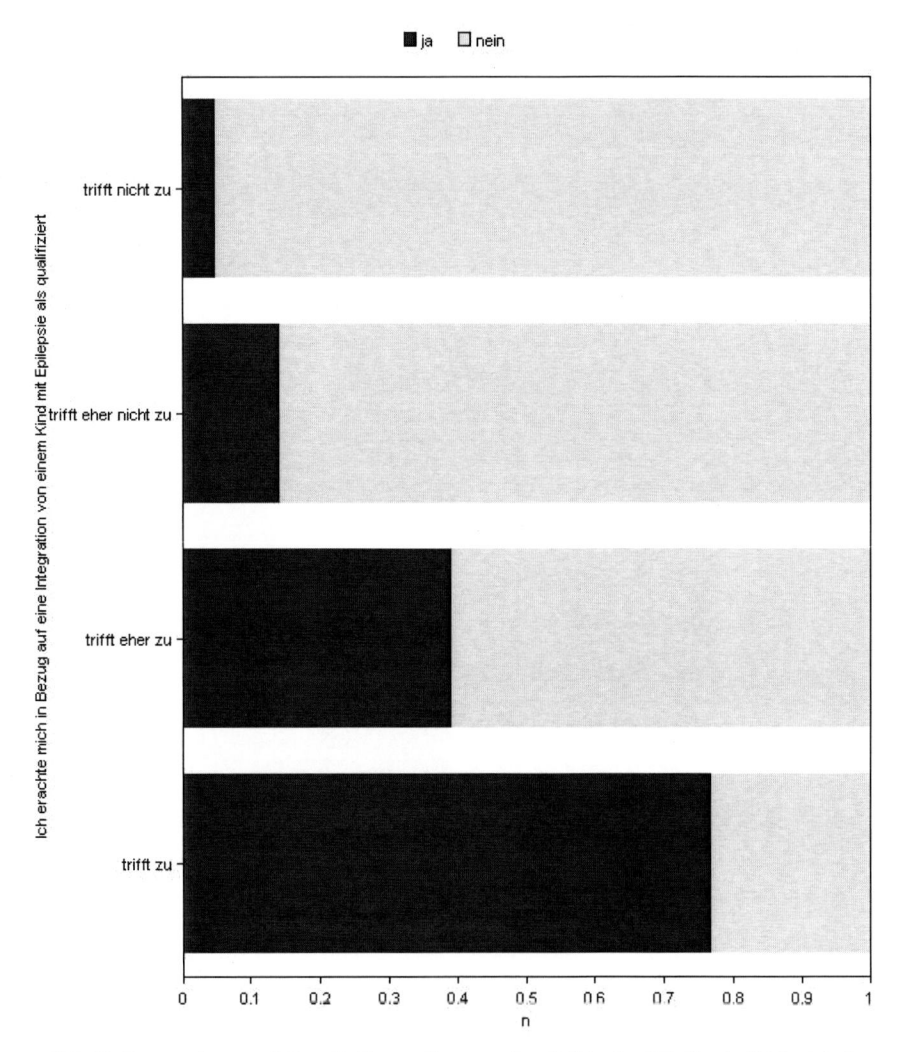

■ ja □ nein

Abb. 30: Voraussetzungen & Grundhaltung – Diagramm Persönliche Qualifikation in Abhängigkeit der aktuellen Erfahrungen mit Schülern mit Epilepsie

Interpretation

Im aktuellen Diagramm ist eine eindeutige Abhängigkeit der persönlichen Qualifikation von den aktuellen Erfahrungen ersichtlich. Je ausgeprägter der JA-Anteil bezüglich aktueller Förderung, desto eindeutiger die positive Erwartungshaltung im Bereich Qualifikation.

Aussage 20

Ich bin zu einer Weiterbildung in Form eines Kurses im Bereich Epilepsie & Schule bereit, falls ein Kind mit Epilepsie in meiner Schule integriert werden soll.

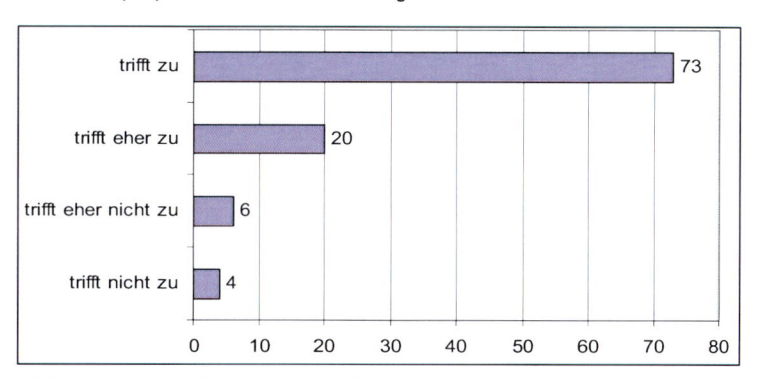

Antwort	Anzahl
trifft zu	73
trifft eher zu	20
trifft eher nicht zu	6
trifft nicht zu	4

Abb. 31: Voraussetzungen & Grundhaltung - Diagramm zu Aussage 20

Interpretation

97 befragte SHP sind zu einer Weiterbildung bereit und nur 6 SHP können die Motivation hierfür im Moment nicht aufbringen. Das Interesse und die Motivation für die schulische Integration sind ganz klar vorhanden.

Aussage – Bereitschaft zu einer Weiterbildung in Abhängigkeit der Grundhaltung

- Das wäre in jeder Hinsicht spannend.
- Nicht ganz einfach - aber warum nicht?
- Nein, nur das nicht!
- Keine Ahnung, was das für mich bedeuten würde.
- Ich denke, ich wäre überfordert

Ich bin zu einer Weiterbildung in Form eines Kurses im Bereich der Epilepsie und Schule bereit, falls ein Kind mit Epilepsie in meiner Schule integriert werden soll

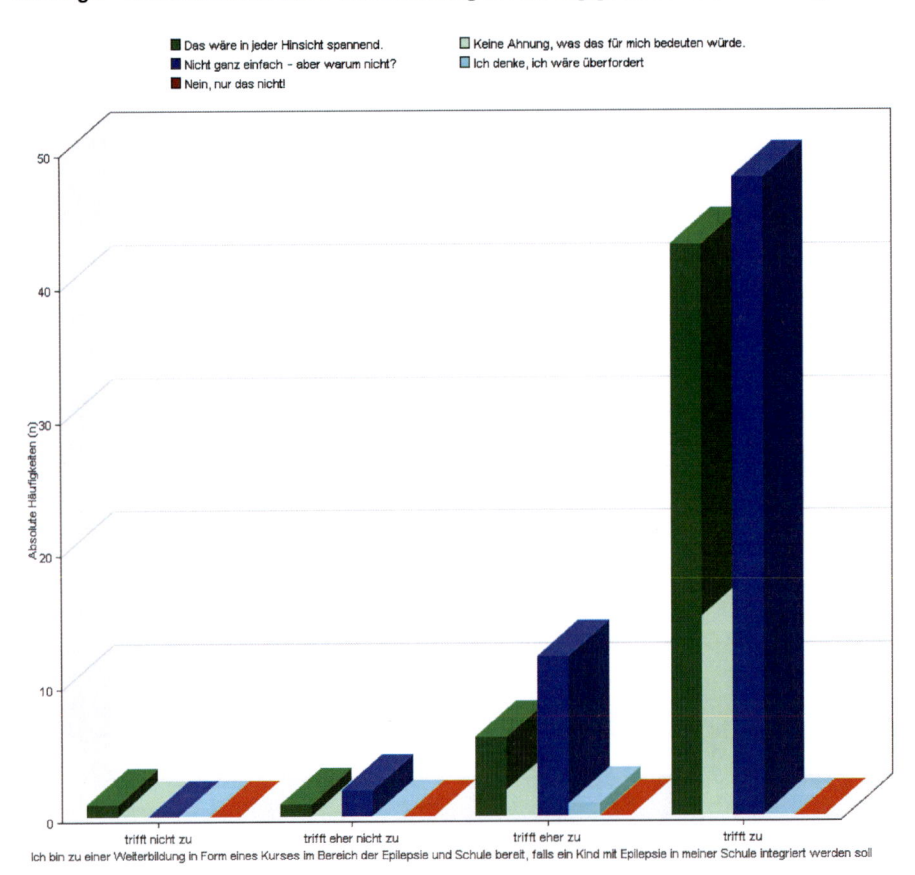

Abb. 32: Voraussetzungen & Grundhaltung - Diagramm Bereitschaft zu einer Weiterbildung in Abhängigkeit der Grundhaltung

Interpretation

Das Diagramm zeigt eine ganz klare Abhängigkeit der Weiterbildungsbereitschaft (97 Nennungen) von der persönlichen, **positiven** Grundhaltung (113 Nennungen) gegenüber schulischer Integration von Kindern mit Epilepsie auf.

Chancen und Grenzen

Neben der positiven Grundhaltung der Lehrkräfte werden von Lanfranchi vor allem günstige Rahmenbedingungen wie Fortbildung, zeitliche Ressourcen, Schülerzahlen, interdisziplinäre Zusammenarbeit und die Art der Behinderung als wesentliche Faktoren für die erfolgreiche Umsetzung der Integration genannt (2009).

Es zeigt sich im Bereich Bereitschaft zur Weiterbildung folgendes Bild:

Chance   n   97
Grenzen   6

Aussage 21

Ich verfüge über konkrete Materialien und Hilfsmittel für die optimale Förderung von Schülern mit Epilepsie sowie für interdisziplinäre Zusammenarbeit diesbezüglich.

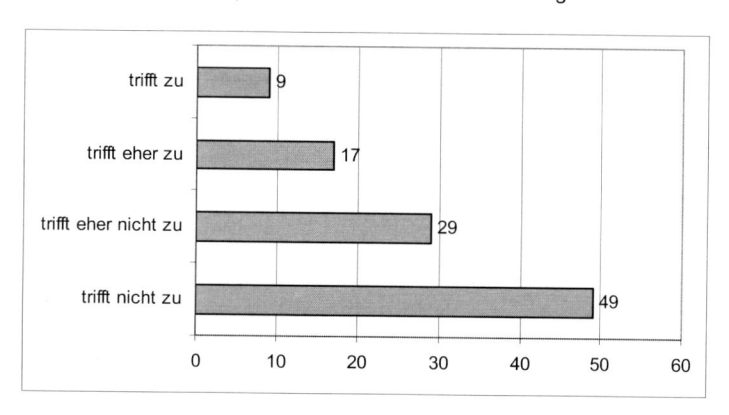

Kategorie	Anzahl
trifft zu	9
trifft eher zu	17
trifft eher nicht zu	29
trifft nicht zu	49

Abb. 33: Voraussetzungen & Grundhaltung - Diagramm zu Aussage 21

Interpretation

Drei Viertel der SHP verfügt **nicht** über konkrete Materialien und Hilfsmittel für eine optimale Förderung. Nur ein Viertel aller SHP verfügt darüber. Konkretes Material scheint in der Schullandschaft nicht vorhanden oder nicht richtig verteilt zu sein.

Chancen und Grenzen

Die Integration bedeutet für die involvierte Schule und Lehr- & Fachpersonen eine grundsätzliche Bereitschaft, den Unterricht zu öffnen und das eigene Handlungswissen zu erweitern (Antor & Bleidick, 2001, S. 12).

Es zeigt sich im Bereich Konkrete Fördermaterialien/Hilfsmittel für Schulalltag folgendes Bild:

Chance   n   26
Grenzen   78

Aussage 22

Wenn die notwendigen Voraussetzungen vorhanden sind, kann ich mir vorstellen, Schüler mit Epilepsie mit folgendem Förderbedarf zu fördern und zu unterstützen:

> Förderbedarf in Teilleistungen
> Förderbedarf im Verhalten
> Förderbedarf in beiden Bereichen

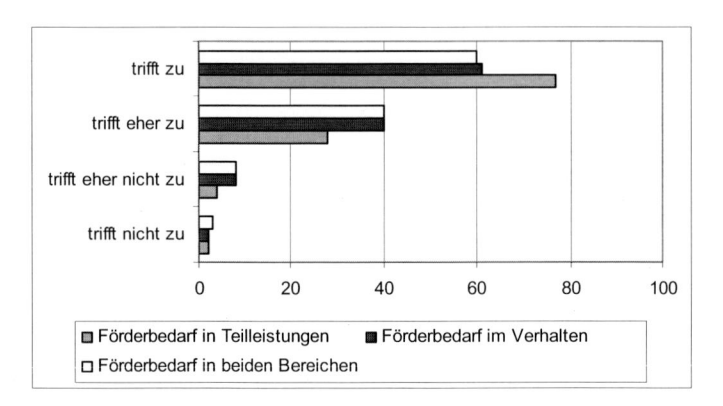

Abb. 34: Voraussetzungen & Grundhaltung – Diagramm zu Aussage 22

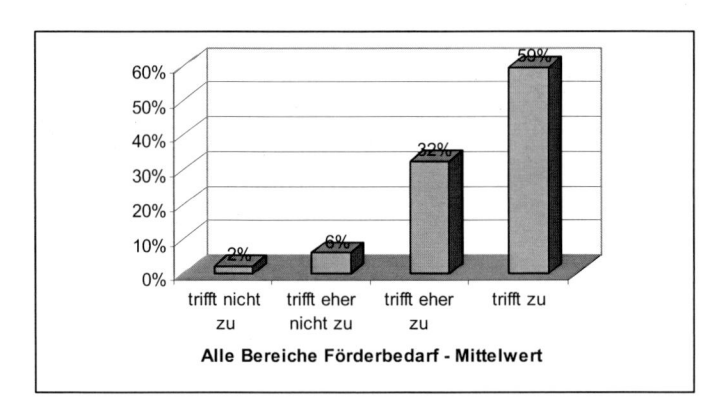

Abb. 35: Voraussetzungen & Grundhaltung - Förderbedarf Mittelwert

Interpretation

An erster Stelle in der Rangierung der SHP im Bereich einer möglichen Integration können sie sich vorstellen, mit Förderbedarf in Teilleistungen zu integrieren. An zweiter Stelle steht die Integration von Kindern mit Verhaltensauffälligkeiten und an letzter Stelle diejenige der Kindern, die Förderbedarf in beiden Bereichen aufweisen. Der Anteil der verneinenden Aussagen gegenüber jeglichem Förderbedarf ist mit nur 9 Nennungen **vernachlässigbar** gering. Die Art des Förderbedarfs scheint keine Grenze in Hinblick auf die schulische Integration darzustellen.

Chancen und Grenzen

Integration bedeutet bei Feuser (2009, S. 10), dass Kinder und Jugendliche unterschiedlichster Entwicklungsniveaus, Lernerfahrungen und Möglichkeiten, unabhängig von Art und Schweregrad ihrer Beeinträchtigung gemeinsam miteinander lernen, spielen und arbeiten dürfen.

Es zeigt sich im Bereich Förderbedarf folgendes Bild:

Chance   n   102
Grenzen   9

Gemäss den fünf oben genannten Aussagen zeigt sich in der Kategorie Voraussetzungen folgendes Bild:

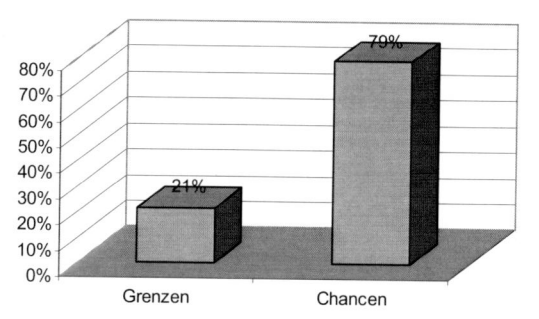

Abb. 36: Voraussetzungen & Grundhaltung – Diagramm Totale –Mittelwert

Im diesem Bereich ist die Erwartungshaltung gegenüber der Integration sehr positiv gewertet worden. Bei nur knapp einem Fünftel der befragten SHP besteht die Erwartungshaltung, dass die Voraussetzungen und & Grundhaltung als Grenze für die integrierte Beschulung von Kindern mit Epilepsie definiert werden muss.

6.2.4 Kategorie Beschulung

Die Antworten auf die Fragen 24, 25, 26, 27 und 28 zeigen die Erwartungshaltung der SHP in Bezug auf allgemeine Aspekte der Integrativen Beschulung, konkret umgesetzt.

Aussage 24
Kinder mit Epilepsie sollen die Möglichkeit haben, an ihrem Wohnort zur Schule gehen zu können.

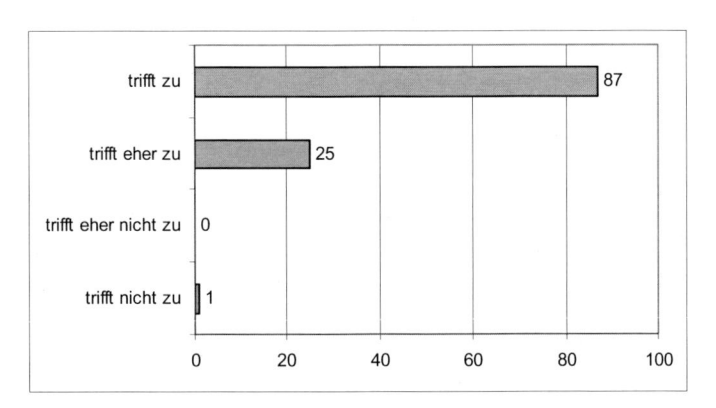

trifft zu	87
trifft eher zu	25
trifft eher nicht zu	0
trifft nicht zu	1

Abb. 37: Beschulung – Diagramm zu Aussage 23

Interpretation

Alle befragten Fachpersonen, mit einer einzigen Ausnahme, haben die Erwartungshaltung, dass die Beschulung der Kinder mit Epilepsie, wann immer möglich am Wohnort stattfinden sollte. Im Sinne der Integration ist diese Erwartungshaltung als logische Konsequenz zu interpretieren.

Chancen und Grenzen

Die Beschulung am Wohnort wird in Bless als Vorteil der Integrativen Schulform beschrieben. So kann die soziale Entwurzelung des Kindes vermieden werden (Haeberlin, Bless, Moser & Klaghofer, 1991).

Es zeigt sich im Bereich Beschulung am Wohnort folgendes Bild:

Chance	n	112
Grenzen		1

Aussage 25

Die Eltern des Kindes mit Epilepsie sollen die Schulungsform ihres Kindes massgeblich mitbestimmen können.

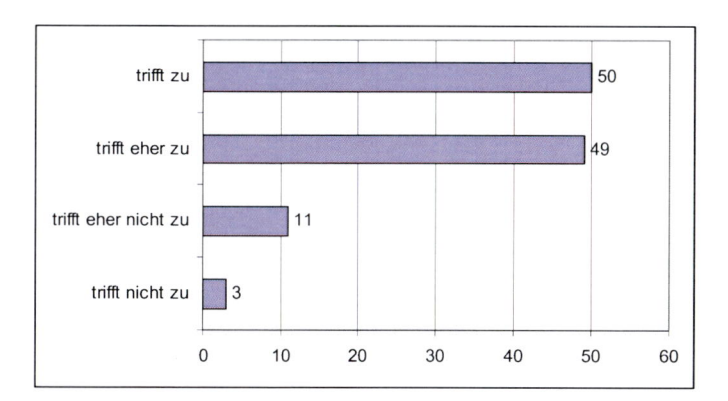

Antwort	Anzahl
trifft zu	50
trifft eher zu	49
trifft eher nicht zu	11
trifft nicht zu	3

Abb. 38: Beschulung – Diagramm zu Aussage 25

Interpretation

Die Mehrheit der SHP ist der Meinung, dass die Eltern die Schulform ihres Kindes mitbestimmen sollen. Diese 99 Nennungen setzen sich für eine echte interdisziplinäre Zusammenarbeit ein. Die 14 Erwartungshaltungen gegen ein Mitbestimmungsrecht der Eltern bei der Schulwahl für ihr Kind widersprechen sich den Aussagen betreffend interdisziplinäre Zusammenarbeit unter 4.10. Dieser Widerspruch ist nachfolgend zu überprüfen.

Aussage – Korrelation des Mitbestimmungsrechts der Eltern und der interdisziplinären Zusammenarbeit mit den Eltern

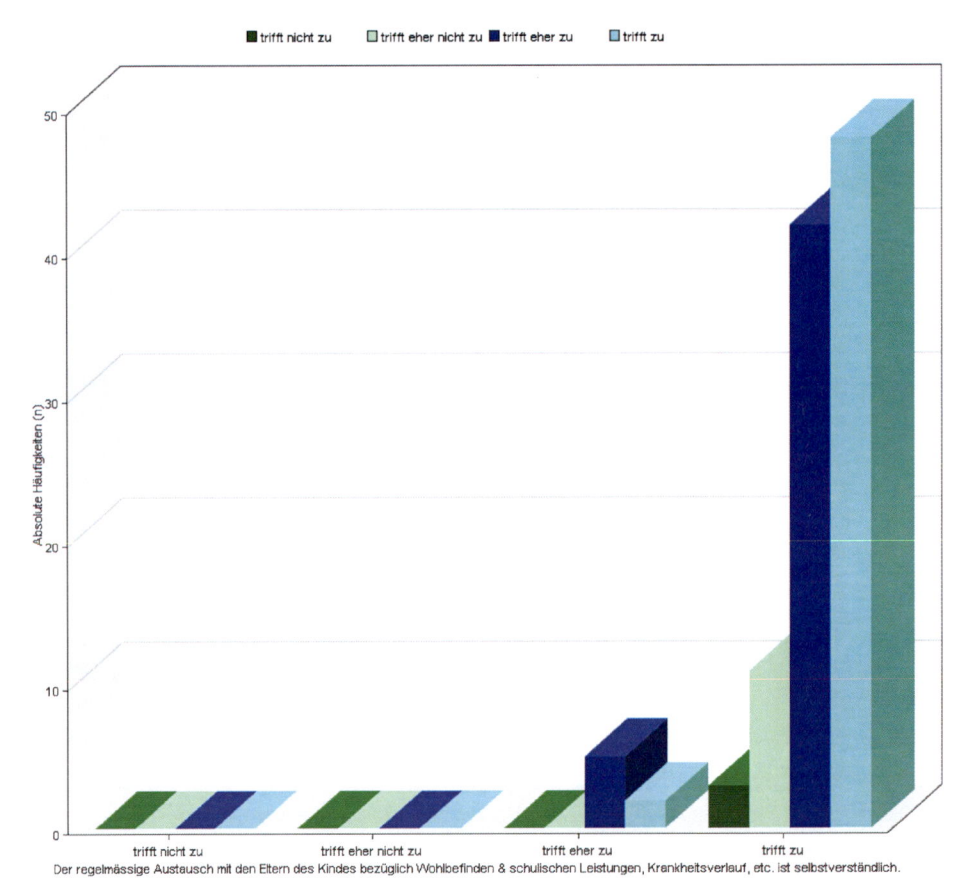

Abb. 39: Beschulung – Diagramm Korrelation Mitbestimmungsrecht der Eltern und interdisziplinäre Zusammenarbeit mit den Eltern

Interpretation

In diesem Diagramm ist ersichtlich, dass sich 13% der Befragten gegen ein Mitbestimmungsrecht der Eltern und für eine interdisziplinäre Zusammenarbeit mit den Eltern geäussert haben. Die Interpretation bezüglich Widerspruchs wird somit gestützt. Wenn man die beiden Aussagen detailliert analysiert, kann diese Korrelation so gedeutet werden, dass die Befragten eine Zusammenarbeit in Form von Besprechungen als möglich erachten, nicht aber eine Mitbestimmung in Form von Entscheidungsfindungen. Die Erwartungshaltungen gegen ein Recht der Eltern zur Mitbestimmung können als Erfahrungswert-Aussagen interpretiert werden. Viele negative Erfahrungen diesbezüglich können zu einer solchen Erwartungshaltung führen. Diese Abhängigkeit ist nachfolgend zu überprüfen.

Aussage – Mitbestimmungsrecht der Eltern in Abhängigkeit von früheren Erfahrungen mit Schülern mit Epilepsie

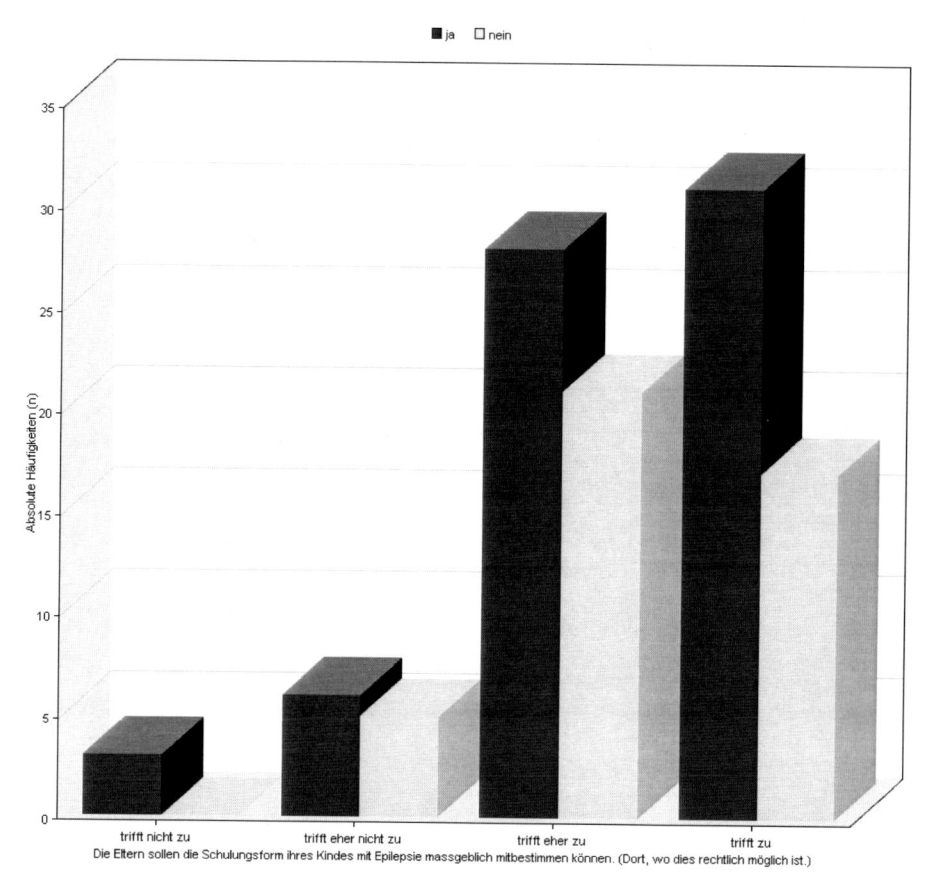

Die Eltern sollen die Schulungsform ihres Kindes mit Epilepsie massgeblich mitbestimmen können. (Dort, wo dies rechtlich möglich ist.)

Abb. 40: Diagramm zu Integrative Beschulung – Korrelation Frühere Erfahrungen - Mitbestimmungsrecht der Eltern

Interpretation

Die Korrelation zeigt keine eindeutige Abhängigkeit der früheren Erfahrungen mit Schülern mit Epilepsie und dem Mitbestimmungsrecht der Eltern. Eine Steigerung des Mitbestimmungsrechts ist mit der JA-Beantwortung der früheren Erfahrungen ersichtlich. Die Verneinung des Mitbestimmungsrechts ist aber nicht offensichtlich den früheren Erfahrungen zuordenbar.

Chancen und Grenzen

Eltern von Kindern mit Epilepsie verfügen über ein grosses, spezifisches Wissen betreffend Epilepsie. Sie sind Fachpersonen im Bereich ihres Kindes und dessen Krankheit (Ebert & Schötz, 1999, in LEB, 2008, S. 43).

Es zeigt sich im Bereich Mitbestimmung der Eltern folgendes Bild:

Chancen		99
Grenzen		14

Aussage 26

Schüler mit Epilepsie bedürfen aufgrund ihrer Beeinträchtigung einer Sonderrolle in der Schule, die durch die SHP definiert wird.

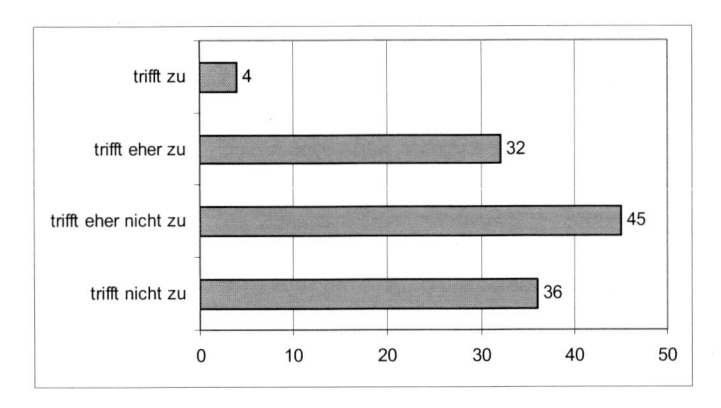

trifft zu	4
trifft eher zu	32
trifft eher nicht zu	45
trifft nicht zu	36

Abb. 41: Beschulung – Diagramm zu Aussage 26

Interpretation

30% der Befragten haben die Erwartungshaltung einer Sonderrolle der Kinder mit Epilepsie, 70% nicht. Diese 30%, fast ein Drittel, können als separative Haltungen innerhalb der Integration interpretiert werden. Die Annahme einer möglichen Stigmatisierung oder die Tatsache der Beeinträchtigung der Schüler mit Epilepsie kann zu dieser Erwartungshaltung führen.

Chancen und Grenzen

Das Kind mit Epilepsie sollte möglichst keine Stigmatisierung durch eine Sonderrolle im Schulalltag erfahren (Sälke-Kellermann, 2009).

Es zeigt sich im Bereich Sonderrolle folgendes Bild:

Chancen		81
Grenzen		36

Aussage 27

Die Beaufsichtigung, Begleitung und Rücksichtnahme bei Kindern mit Epilepsie ist rund um die Uhr durch eine Fachperson zu gewährleisten.

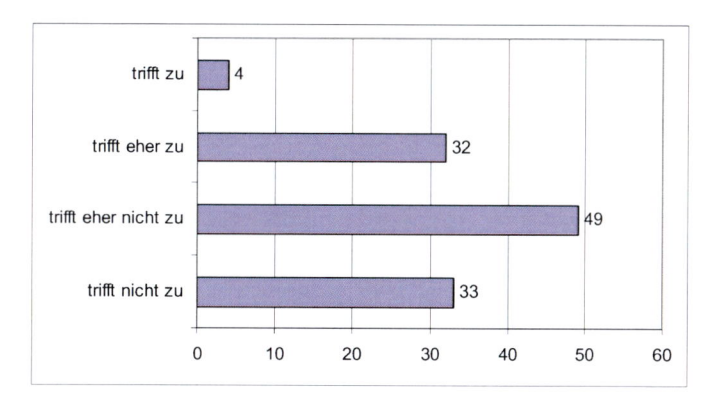

Antwort	Anzahl
trifft zu	4
trifft eher zu	32
trifft eher nicht zu	49
trifft nicht zu	33

Abb. 42: Beschulung – Diagramm zu Aussage 27

Interpretation

Die Mehrheit erwartet, dass Schüler mit Epilepsie in der integrativen Beschulung nicht rund um die Uhr betreut und beaufsichtig werden müssen. 36 Erwartungshaltungen sprechen aber für eine 24-Stunden Betreuung und Beaufsichtigung. Der Grossteil hat seine Erwartungshaltung mit einer gewissen Unsicherheit: 81 Nennungen geäussert. Dies kann als gewisse Unsicherheit aufgrund von fehlendem Wissen im Bereich der Epilepsie gedeutet werden. Zur Klärung wird nachfolgend untersucht, ob ein Zusammenhang zwischen der Erwartungshaltung gegenüber einer Sonderrolle und der Erwartungshaltung einer 24-Stunden-Betreuung besteht oder nicht.

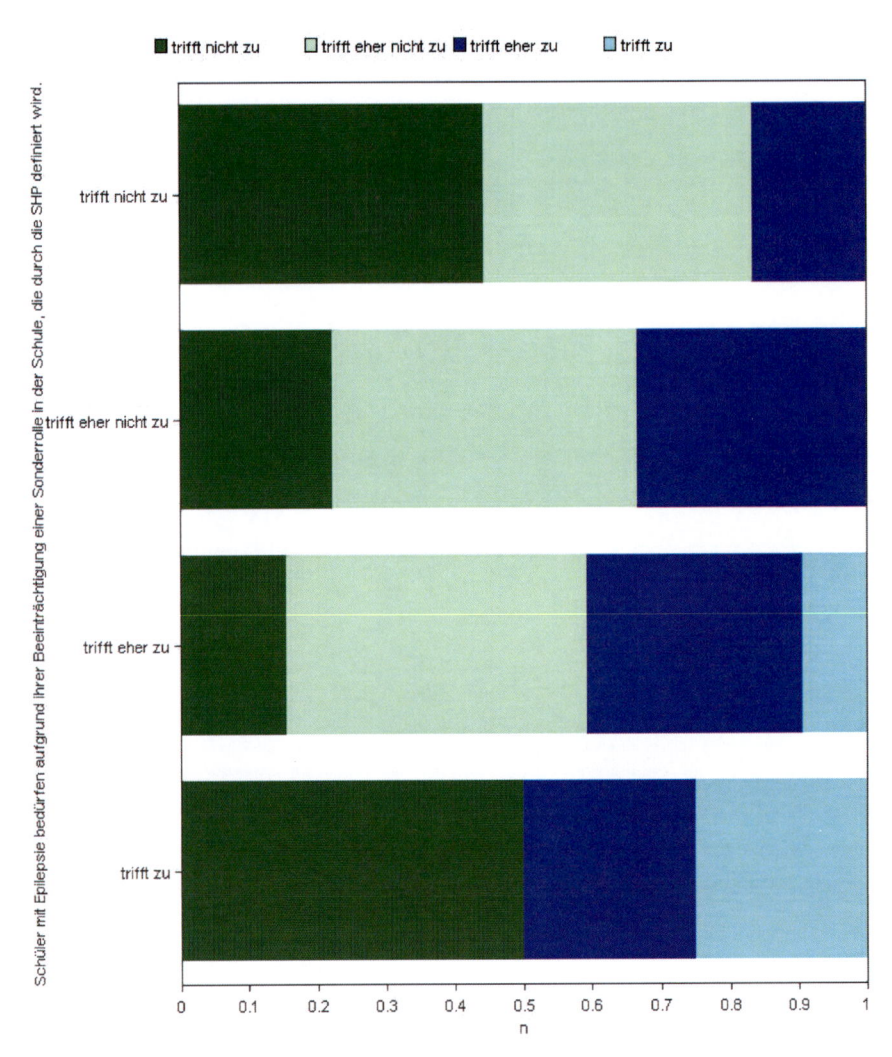

Abb. 43: Diagramm zu Integrative Beschulung – Korrelation Sonderrolle – 24h-Betreuung

Interpretation

Die rote Linie auf dem Korrelationsdiagramm zeigt eine klare Zunahme der Anzahl Nennungen im Bereich Sonderrolle in Abhängigkeit der Zunahme der Anzahl Nennungen im Bereich Notwendigkeit der 24h-Betreuung, -Begleitung und -Beaufsichtigung. Dies kann so gedeutet werden, dass je grösser die Betreuungsnotwendigkeit ist, desto eher ist die Erwartungshaltung einer Sonderrolle vorhanden. Der Leitsatz „Es ist normal verschieden zu sein" scheint die Schullandschaft noch nicht durchdrungen zu haben.

Chancen und Grenzen

„Kinder mit Epilepsie sind in der anfallsfreien Zeit nicht anders als andere Kinder und Charaktereigenschaften gehören nicht, wie oft angenommen wird, zum Krankheitsbild der Epilepsie", definiert Schöler (2009, S. 34).

Es zeigt sich im Bereich 24h-Betreuung, -Begleitung und -Beaufsichtigung folgendes Bild:

Chancen   82
Grenzen   36

Aussage 28

Regelungen, Vorsichtsmassnahmen und Einschränkungen werden durch die SHP in Absprache mit den Eltern auf ein notwendiges Minimum definiert, um den Entwicklungsspielraum für diese Kinder möglichst gross zu halten.

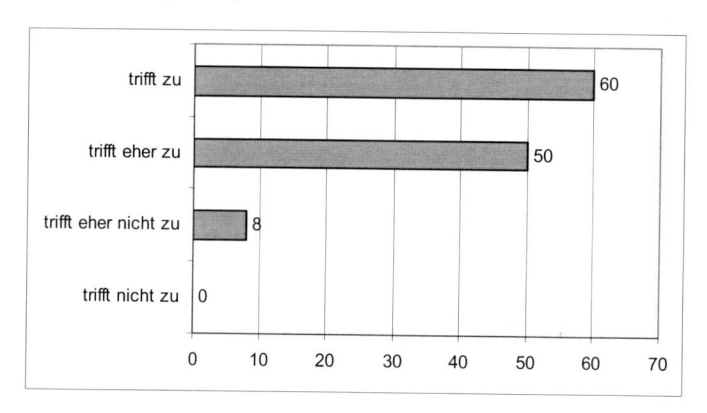

trifft zu	60
trifft eher zu	50
trifft eher nicht zu	8
trifft nicht zu	0

Abb. 44: Beschulung – Diagramm zu Aussage 28

Interpretation

Um die Entwicklung der Kinder mit Epilepsie möglichst optimal zu fördern, sprechen sich 110 der befragten SHP für ein Minimum an Einschränkungen im Schulalltag aus. Nur gerade 8 befragte Personen sind eher der Meinung, dass ein Minimum an Einschränkungen nicht sinnvoll ist. Diese acht Nennungen können als Erfahrungswerte, als Unwissen oder als Unsicherheitsäusserungen interpretiert werden.

Chancen und Grenzen

Unnötige Einschränkungen schwächen das oft schon geringe Selbstvertrauen von Kindern mit Epilepsie (Christ et al., 2006). Die Kinder sollten nicht von gemeinsamen schulischen Aktivitäten ausgeschlossen werden, unter Umständen kann temporär und punktuell eine besondere Massnahme getroffen werden (Krämer, 1998, S. 221).

Es zeigt sich im Bereich Einschränkungen folgendes Bild:

Chance   n   110
Grenzen   8

Es zeichnet sich für den Bereich Integrative Beschulung ein Gesamtbild wie folgt ab:

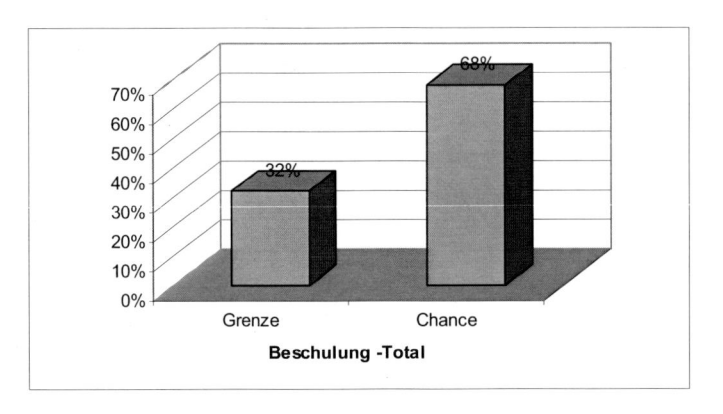

Abb. 45: Beschulung – Diagramm Beschulung – Total -Mittelwert

7 von 10 SHP erwarten die SHP im Teilbereich Integrative Beschulung keine Hürden für eine Integration von Kindern mit Epilepsie. 3 von 10 Personen sehen aber diverse Schwierigkeiten und Probleme in der integrativen Beschulung dieser Kinder. Grundsätzlich kann man die integrative Beschulung - als Teilbereich der schulischen Integration - als Chancenbereich interpretieren.

6.2.5 Kategorie Unterricht

Erwartungen der SHP bezüglich förderlicher oder hemmenden Faktoren im Falle einer Integration von Kindern mit Epilepsie innerhalb des integrativen Unterrichts, werden durch die Fragen 29, 30, 32, 33, 34 und 35 aufgezeigt.

Aussage 29, 30 und 31 zeigen uns die Erwartungen betreffend Integration von Kindern mit Epilepsie der SHP im Teilbereich des informierenden Unterrichts.

Aussage 29

Die sachliche Information der Mitschüler über Epilepsie des Kindes ist Voraussetzung für die soziale Integration dessen.

Aussage 30

Der Einbezug des Kindes mit Epilepsie ist bei der Informationsweitergabe an Mitschüler oder Behandlung des Themas im Unterricht von Wichtigkeit für dessen soziale Integration & emotionale Entwicklung.

Aussage 31

Die Behandlung der Thematik Epilepsie in Form eine Projekttages, Sonderthemas, fächerübergreifend durch die SHP dient massgeblich der Integration von Kindern mit Epilepsie.

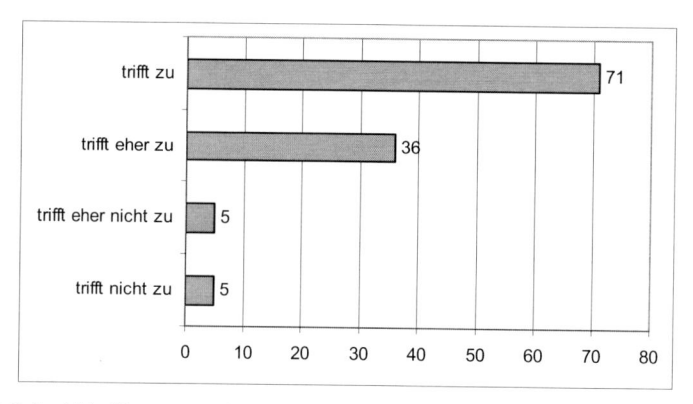

trifft zu	71
trifft eher zu	36
trifft eher nicht zu	5
trifft nicht zu	5

Abb. 46: Unterricht - Diagramm zu Aussage 29

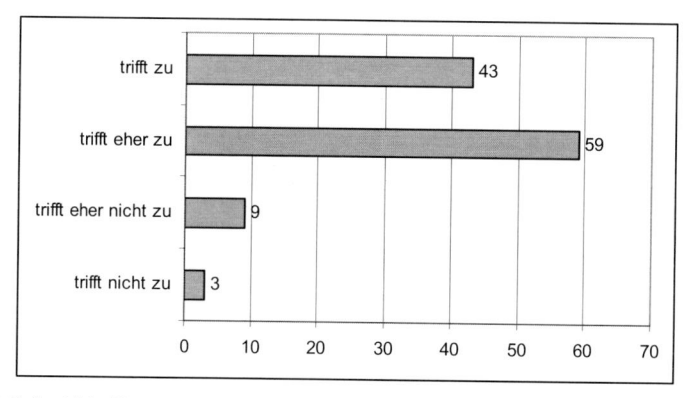

trifft zu	43
trifft eher zu	59
trifft eher nicht zu	9
trifft nicht zu	3

Abb. 47: Unterricht - Diagramm zu Aussage 30

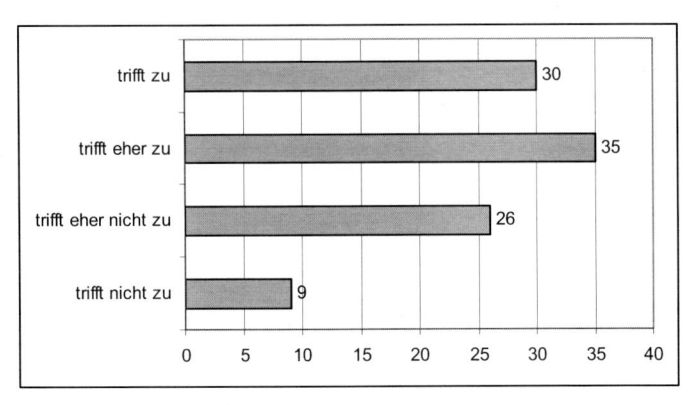

trifft zu	30
trifft eher zu	35
trifft eher nicht zu	26
trifft nicht zu	9

Abb. 48: Unterricht - Diagramm zu Aussage 31

Interpretation

92% der SHP, dies bedeutet 107 Stimmen, sind der Meinung, dass die Information der Klasse über die Epilepsie des integrierten Kindes Voraussetzung für eine Integration ist. Diese klare Erwartungshaltung kann so gedeutet werden, dass die Informationstätigkeit als Grundlage angeschaut wird. Mit einem tieferen und trotzdem über 50-prozentigen Anteil waren 65%, oder 76 SHP, der Meinung, dass das Thema Epilepsie an und für sich ebenfalls im Unterricht thematisiert werden sollte, damit ein Kind mit Epilepsie erfolgreich integriert werden kann. Der Einbezug des Kindes mit Epilepsie in jegliche Informationstätigkeit im Unterricht hat mit 102 Stimmen, dies entspricht 90% der SHP, die Wichtigkeit und auch Chance bei einer Integration klar dargelegt.

Chancen und Grenzen

Die Informationspflicht der Lehrperson bezüglich Epilepsie eines Schülers im involvierten Umfeld, wie z.B. bei den Mitschülern, wird in der Literatur sehr kontrovers diskutiert. Nach SVEEK (1995, S. 54) und Schöler (2009, S. 95f) wird eine sachliche, aber umfassende Information der Mitschüler im Zusammenhang mit einem (möglichen) Anfall oder einer Sonderregelung gefördert. LEB (2008, S. 43) hingegen ist der Ansicht, dass die Art und Weise der Informationstätigkeit im vornherein sehr gut überlegt werden müsse, um nicht eine allfällige Stigmatisierung des Kindes mit Epilepsie in Gang zu setzen oder zu verstärken.

Es zeigt sich im Bereich Informationstätigkeit im integrativen Unterricht folgendes Bild:

Chance   n   95
Grenzen   20

Aussage 32

Der integrative Unterricht hat einen positiven Einfluss auf die Lernentwicklung von Kindern mit Epilepsie.

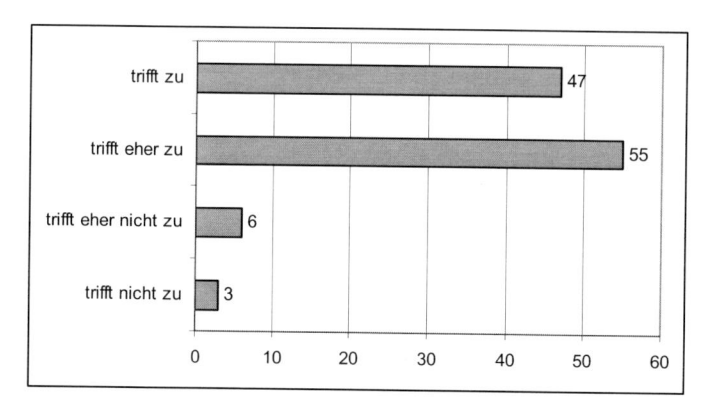

Antwort	Anzahl
trifft zu	47
trifft eher zu	55
trifft eher nicht zu	6
trifft nicht zu	3

Abb. 49: Unterricht - Diagramm zu Aussage 32

Interpretation

102 der SHP sehen den integrativen Unterricht als chancenreicher Einflussfaktor auf die Lernentwicklung der Kinder mit Epilepsie. Dies entspricht einem Prozentsatz von 92%. Nur gerade 9 Personen haben die Erwartungshaltung, dass dem nicht so sein wird. Wie nun aber muss der Unterricht organisiert sein, dass diese Erwartungen auch eintreffen? Die Erwartung der befragten SHP diesbezüglich wird nachfolgend aufgezeigt.

Chancen und Grenzen

Lanfranchi (2009) meint bezüglich Lernentwicklung, „dass lernschwache Schulkinder, in integrativen Klassen im sprachlichen und mathematischen Bereich grössere Fortschritte machen als solche in separierten Einrichtungen". Diese Tatsache wird durch zahlreiche Schweizerische Studien bekräftigt. Parallel ist das Ergebnis verschiedener Studien, dass leistungsstarke Kinder weder in ihrem Lernerfolg gebremst, noch einen Schaden von der Integration von Kindern mit Epilepsie tragen (Lanfranchi, 2009).

Es zeigt sich im Bereich Lernentwicklung im integrativen Unterricht folgendes Bild:

Chance	n	102
Grenzen		9

Aussage 33

Die Anwesenheit von Kindern mit Epilepsie im integrativen Unterricht hat einen positiven Einfluss auf die Entwicklung der sozialen Kompetenzen von allen Schülern.

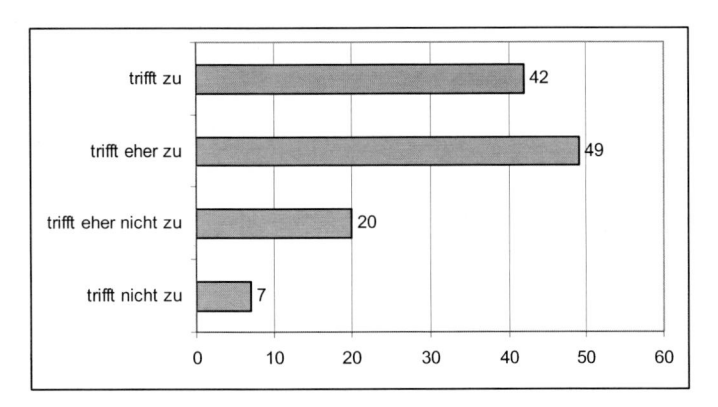

Antwort	Anzahl
trifft zu	42
trifft eher zu	49
trifft eher nicht zu	20
trifft nicht zu	7

Abb. 50: Unterricht - Diagramm zu Aussage 33

Interpretation

Die SHP taxieren die Anwesenheit von Kindern mit Epilepsie im integrativen Unterricht als Chance für die Entwicklung der Sozialkompetenz aller Schulkinder. Und doch muss bemerkt werden, dass die Erwartungshaltungen, in diesem Bereich innerhalb des integrativen Unterrichts, weniger eindeutig sind. 78% der Befragten sehen die Anwesenheit als Chance, 22% als Gefahr. Diese 22% dürfen keinesfalls ausser Acht gelassen werden. Diese Erwartungshaltungen müssen ernst genommen werden. Daraus sind Lösungen für eine zukünftige Integration zu entwickeln. Diesbezüglich ist der Zusammenhang zwischen der Lernentwicklung der Kinder mit Epilepsie und der Entwicklung der Sozialkompetenz aller Schüler zu eruieren.

Chancen und Grenzen

Gemäss Cloerkes (2007, S. 251ff) weisen Kinder, die häufig Kontakt mit Behinderten pflegen, eine höhere Sozialkompetenz auf, als Kinder, die sich separiert von beeinträchtigten Kindern entwickeln. Sie entwickeln eine positivere Einstellung und grössere Toleranz gegenüber Behinderten.

Es zeigt sich im Bereich Entwicklung der Sozialkompetenz der nicht beeinträchtigten Schüler im integrativen Unterricht mit der Anwesenheit von Kindern mit Epilepsie folgendes Bild:

Chance	n	91
Grenzen		27

Aussage – Korrelation zwischen der Lernentwicklung der Kinder mit Epilepsie und der Sozialentwicklung aller Schüler im integrativen Unterricht

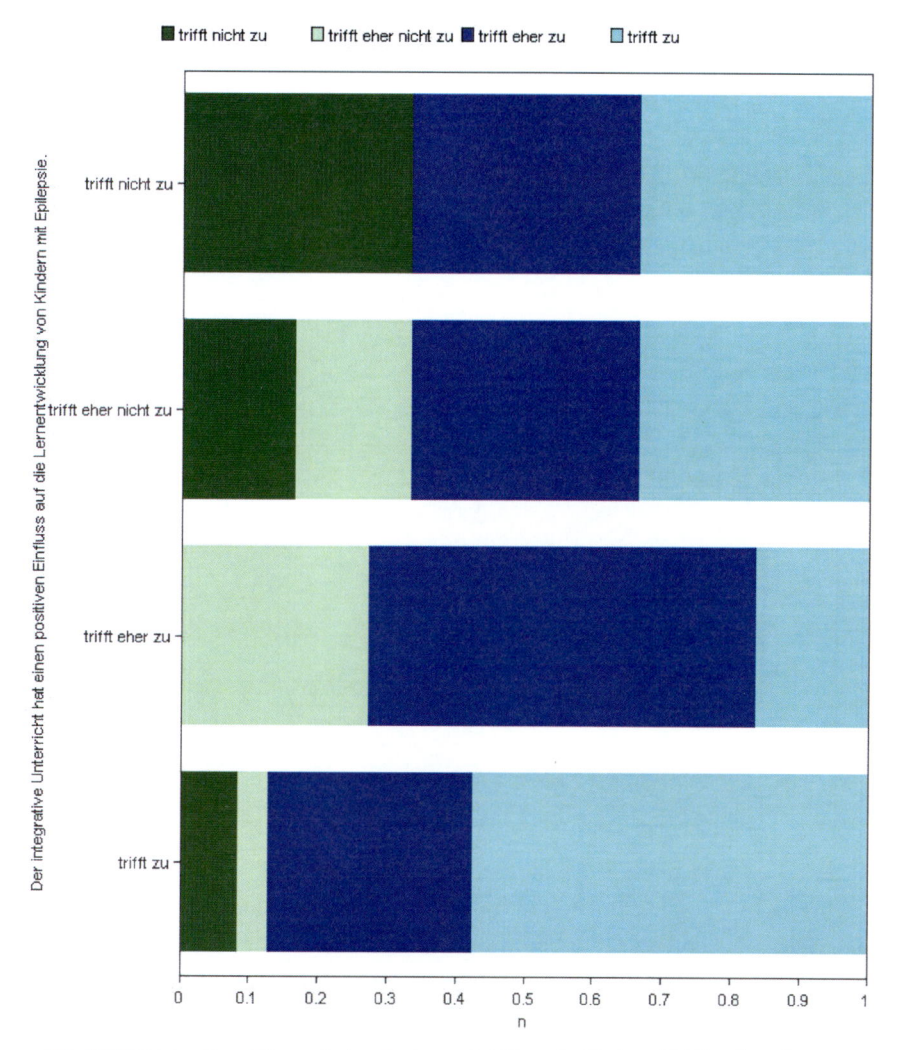

Abb. 51: Diagramm Korrelation zwischen der Lernentwicklung der Kinder mit Epilepsie und der Sozialentwicklung aller Schüler im integrativen Unterricht

Interpretation

Grundsätzlich sehen wir, den Verlauf vom obersten bis zum untersten Balken betrachtend, eine Abnahme der grünlichen Flächen. Dies bedeutet, dass eine Lernentwicklung der Kinder mit Epilepsie mit der Entwicklung der Sozialkompetenz aller Schüler grundsätzlich einhergehend erwartet wird. Interessant sind aber die grünlichen Flächen in Balken 1 und 2: Wäre die

Aussage eindeutig, dann müssten diese beiden Flächen viel breiter sein. Zudem sind sie miteinander verglichen nicht abnehmend, sondern gleich bleibend. Dies kann so gedeutet werden, dass die Entwicklung der Sozialkompetenz im Negativbereich der Lernentwicklung gleich bleibend hoch erwartet wird. Mit der positiven Erwartungshaltung gegenüber der Lernentwicklung erfährt die Sozialkompetenz zusätzlich einen steigenden Entwicklungscharakter. Die Entwicklung der Sozialkompetenz wird in positiver Weise erwartet, fast unabhängig von der Entwicklung der Lernentwicklung. Bei der Lernentwicklung sind skeptische Erwartungshaltungen ersichtlich. Eine grosse Hilflosigkeit und Unkenntnis über die Krankheit Epilepsie, wie sie Puckhaber (2006, S. 116f) beschreibt, kann dahinter stecken.

Aussage 34

Diese Massnahmen der Unterrichtsgestaltung wirken sich unterstützend auf die integrative Schulung von Kindern mit Epilepsie aus:

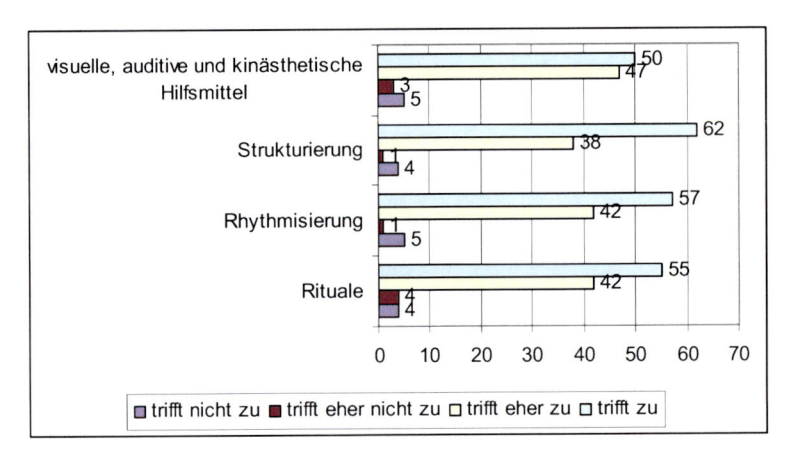

Abb. 52: Unterricht - Diagramm zu Aussage 34

Interpretation

Alle Massnahmen der Unterrichtsgestaltung werden mit über 90% Anteil als Chance für eine gelingende Integration von Kindern mit Epilepsie angeschaut. Die Rituale und die Hilfsmittel werden mit je 97 Stimmen innerhalb der Chancen am tiefsten bewertet, die Strukturierung am höchsten und die Rhythmisierung an 2. Stelle. Es gibt keinen so genannten Ausreisser, weder in der positiven noch in der negativen Erwartungshaltung. Diese Resultate können so interpretiert werden, dass die Unterrichtsgestaltung ein sehr wichtiger Bestandteil der Integration von Kindern mit Epilepsie darstellt.

Chancen und Grenzen

„Für alle Kinder wirken Massnahmen der Unterrichtsgestaltung förderlich."

„Nicht zu viele Reize!"

„Ruhige, ungestörte Arbeitsplätze."

„Man kann nicht sagen, dass Kinder mit Epilepsie Massnahmen speziell mehr bedürfen als andere." Kinder."

Abb. 53. Zur Thematik Unterstützende Unterrichtsmassnahmen

„Bei der integrativen Pädagogik geht es also nicht um Anpasserei oder Gleichmacherei, … sondern darum, Gemeinsames zu schaffen und Unterschiede, Trennendes zu benennen, zuzulassen und zu akzeptieren" (Demmer-Dieckmann & Struck, 1991, S. 13).

Es zeigt sich im Bereich Unterrichtsgestaltung im Schulhausteam folgendes Bild:

Chancen   98
Grenzen   7

Aussage 35

Welche Unterrichtsmethoden bewähren sich beim integrativen Unterricht von Kindern mit Epilepsie?

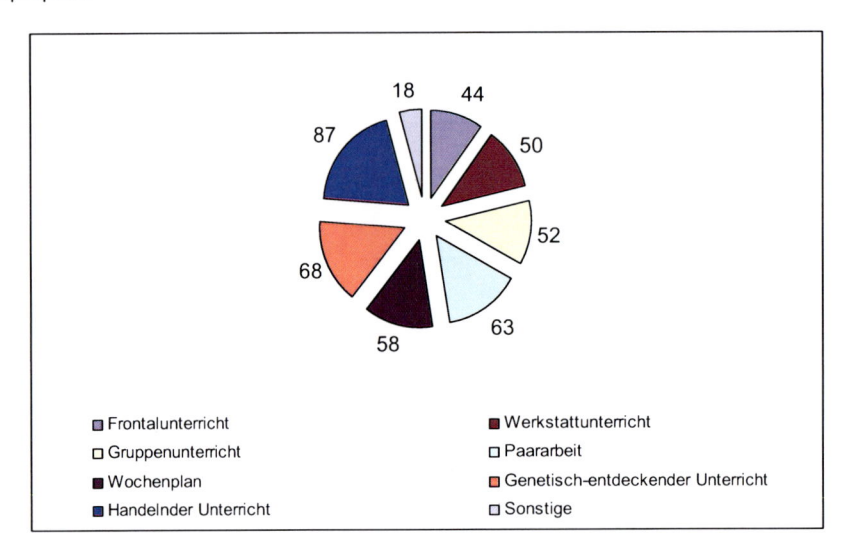

Abb. 54: Unterricht - Diagramm zu Aussage 35

Interpretation

Die Auswertung zeigt, dass die Methode des handelnden Unterrichts mit 87 Stimmen (84%), mit den besten Chancen für die Integration angesehen wird. Die restlichen Methoden pendeln zwischen 50% und 65%, ausser dem Frontal- und dem Werkstattunterricht, mit 44 und 50 Nennungen.

Chancen und Grenzen

Abb. 55: Zur Thematik Fördernde Unterrichtsmethoden

Aussage 35

Welche Unterrichtsmethoden bewähren sich beim integrativen Unterricht von Kindern mit Epilepsie?

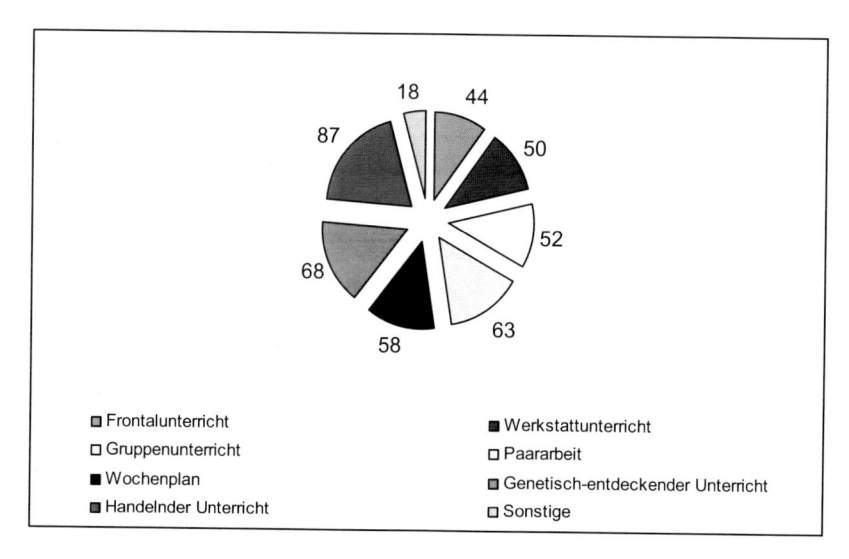

Werte im Diagramm: 18, 44, 87, 50, 52, 68, 63, 58

Legende:
- Frontalunterricht
- Gruppenunterricht
- Wochenplan
- Handelnder Unterricht
- Werkstattunterricht
- Paararbeit
- Genetisch-entdeckender Unterricht
- Sonstige

Abb. 54: Unterricht - Diagramm zu Aussage 35

Interpretation

Die Auswertung zeigt, dass die Methode des handelnden Unterrichts mit 87 Stimmen (84%), mit den besten Chancen für die Integration angesehen wird. Die restlichen Methoden pendeln zwischen 50% und 65%, ausser dem Frontal- und dem Werkstattunterricht, mit 44 und 50 Nennungen.

Chancen und Grenzen

- „Kein eigener besonderer Alltag..."
- „Individualisierender Unterricht..."
- „Ganz klar strukturierter Tagesablauf..."
- „Sie brauchen mehr Aufmerksamkeit von mir."
- „So individuell wie bei allen Kindern..."

Abb. 55: Zur Thematik Fördernde Unterrichtsmethoden

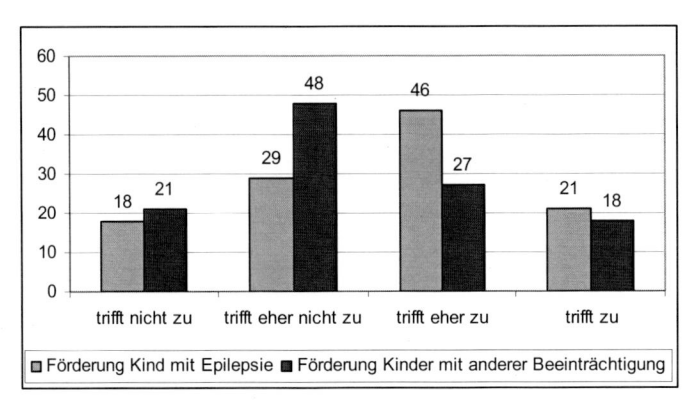

Abb. 57: Diagramm zu Aussage 36a und b

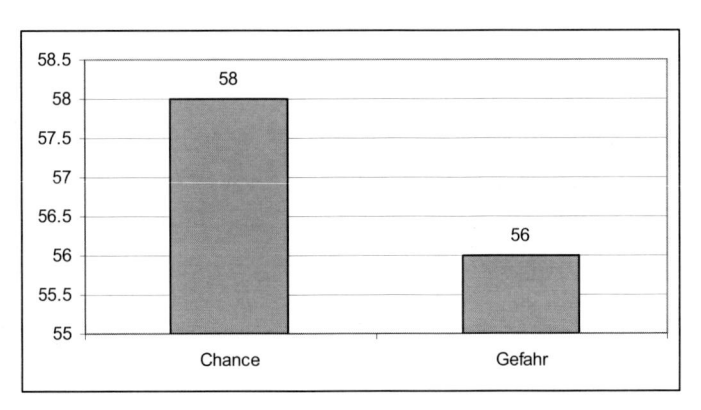

Abb. 58: Total der zeitlichen Ressourcen

Interpretation

Die blauen Balken betreffen die Förderung des Kindes mit Epilepsie und zeigen eine positive Ausgangslage mit 67 Wertungen in Bezug auf zeitliche Ressourcen. Die Balken betreffend Förderung aller anderen integrierten Kinder im Falle der Integration eines Kindes mit Epilepsie zeigt klar eine negative Ausgangslage: 69 Stimmen. Dies kann als Erwartungshaltung der SHP höherer Förderbedarf der Kinder mit Epilepsie zu Lasten aller anderen integrierten Schüler oder als Erwartungshaltung der SHP, dass Kinder mit Epilepsie wenig Bedarf an ihren zeitlichen Ressourcen haben, aber die allgemeinen zeitlichen Ressourcen der SHP grundsätzlich tief angesetzt sind.

Bei der Darstellung der Totalen ist erkennbar, dass die positiven Erwartungshaltungen aufs Minimalste von den negativen abweichen, d.h. die beiden Werte sind mit 58 und 56 Nennungen sozusagen gleich. Die Hälfte der SHP ist der Meinung, dass die zeitlichen Ressourcen ausreichen, die andere Hälfte ist gegenteiliger Meinung.

Chancen und Grenzen

Zeitliche Ressourcen werden als eine der notwendigen Rahmenbedingungen von Sermier (2006) beschrieben, um nicht Gefahr zu laufen, dass die positive Einstellung und das Engagement der Lehrpersonen ins Negative kippt.

Es zeigt sich im Bereich der aktuellen zeitlichen Ressourcen für die integrative Förderung folgendes Bild:

Chancen   56
Grenzen   58

Förderplanung

Aussage 37

Die Basis der optimalen Förderplanung legt die psychologische & neuropsychologische Diagnostik.

Aussage 38

Regelmässige Beobachtungen der Kinder mit Epilepsie im Unterricht bieten eine gute Grundlage für die Förderplanung

Aussage 39

Die Eltern werden in die Entscheidungsprozesse, welche die individuelle Förderung des Kindes betreffen, einbezogen.

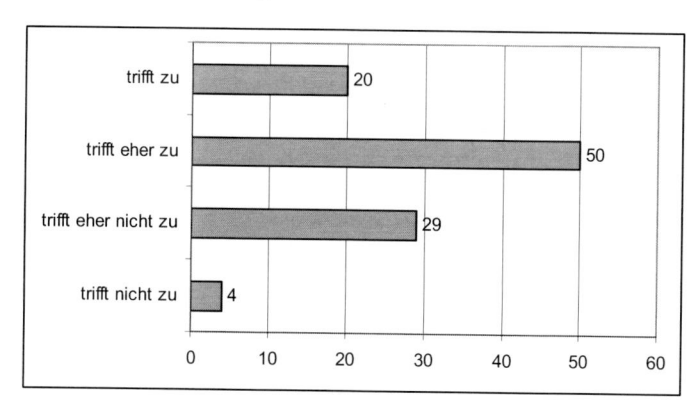

Antwort	Anzahl
trifft zu	20
trifft eher zu	50
trifft eher nicht zu	29
trifft nicht zu	4

Abb. 59: Förderung - Diagramm zu Aussage 37

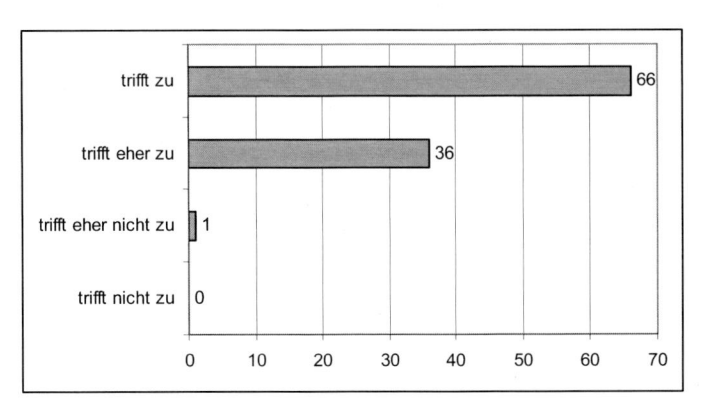

```
trifft zu              ████████████████ 66
trifft eher zu         ████████ 36
trifft eher nicht zu   | 1
trifft nicht zu        | 0
                       0   10  20  30  40  50  60  70
```

Abb. 60: Förderung - Diagramm zu Aussage 38

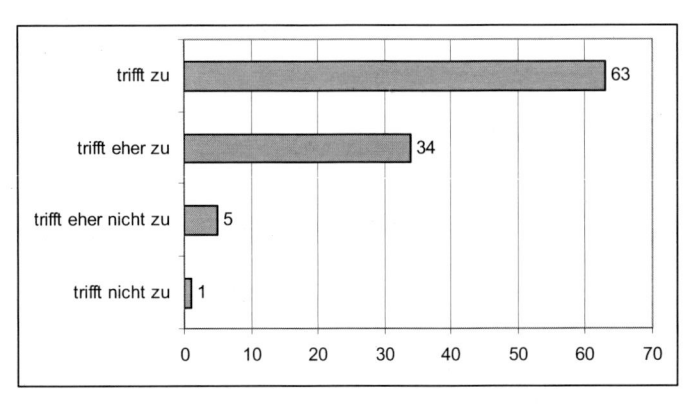

```
trifft zu              ████████████████ 63
trifft eher zu         ████████ 34
trifft eher nicht zu   █ 5
trifft nicht zu        | 1
                       0   10  20  30  40  50  60  70
```

Abb. 61: Förderung - Diagramm zu Aussage 39

Interpretation

Die regelmässige Beobachtung und die interdisziplinäre Zusammenarbeit mit den Eltern sind gemäss den Diagrammen ganz klare Grundlagen für die Förderplanung innerhalb der Integration von Kindern mit Epilepsie. Hingegen bei der psychologischen & neuropsychologischen Diagnose, die durch Fachärzte durchgeführt wird, in der Literatur theoretisch als Basis für eine optimale Förderplanung beschrieben, gehen die Erwartungshaltungen der SHP auseinander. Ein positiver Trend ist im Diagramm ersichtlich, aber nicht eindeutig, denn 28% (29 Nennungen) sind der Meinung, dass diese für eine Förderung eher nicht notwendig sei.

Chancen und Grenzen

Die Grundlage der Förderplanung für Schüler mit Epilepsie bildet die neuropsychologische Diagnostik. Diese erfasst durch psychologische Tests Lern- und Gedächtnisfunktionen,

Denk- und Wahrnehmungsprozesse. So können gezielte therapeutische Massnahmen aufgegleist werden (SVEEK, 1995, S. 43).

Es zeigt sich im Bereich Planung der spezifischen Förderung folgendes Bild:

Chance   n   90
Grenzen   13

Aussage 40

Kinder mit Epilepsie haben einen höheren Förderbedarf...

- im Bereich Teilleistungen.
- im Bereich Verhaltensauffälligkeiten.
- in beiden Bereichen.
- in keinem Bereich.

Teilleistungen

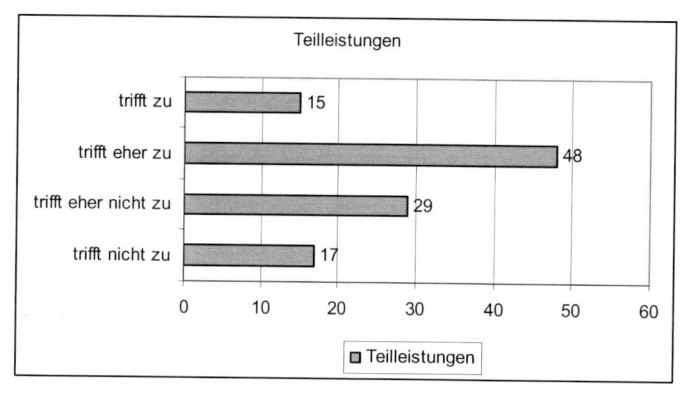

- trifft zu: 15
- trifft eher zu: 48
- trifft eher nicht zu: 29
- trifft nicht zu: 17

Abb. 62: Förderung - Diagramm zu Aussage 40 – Teilleistungen

Verhaltensauffälligkeiten

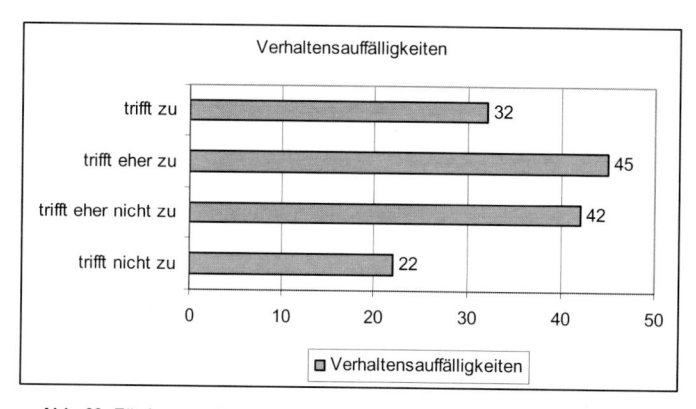

- trifft zu: 32
- trifft eher zu: 45
- trifft eher nicht zu: 42
- trifft nicht zu: 22

Abb. 63: Förderung - Diagramm zu Aussage 40 – Verhaltensauffälligkeiten

beide Bereiche

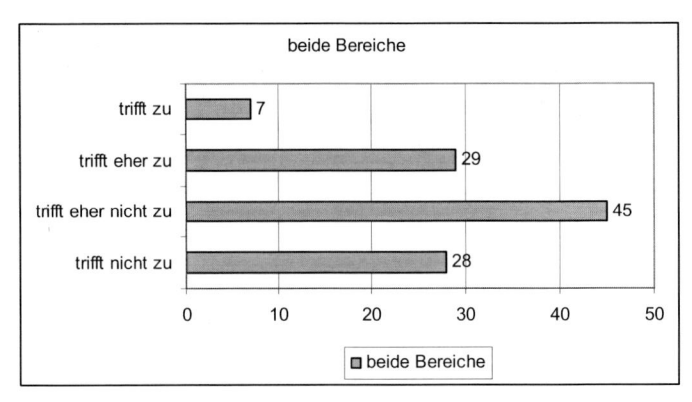

trifft zu	7
trifft eher zu	29
trifft eher nicht zu	45
trifft nicht zu	28

Abb. 64: Förderung - Diagramm zu Aussage 40 – beide Bereiche

keinen Bereich

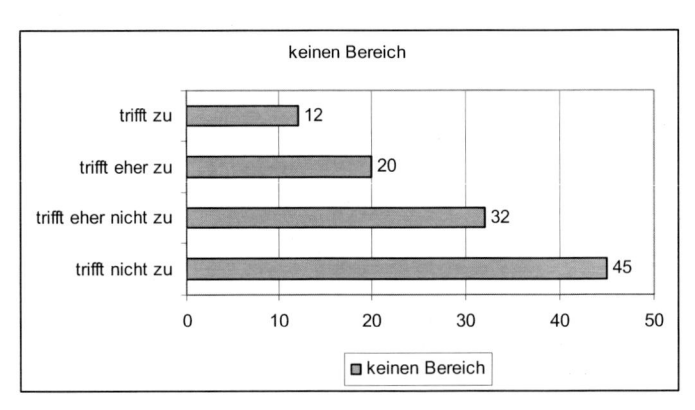

trifft zu	12
trifft eher zu	20
trifft eher nicht zu	32
trifft nicht zu	45

Abb. 65: Förderung - Diagramm zu Aussage 40 – keinen Bereich

Interpretation

In den oben dargestellten Diagrammen ist ersichtlich, dass die befragten SHP die Erwartungshaltung haben, dass Kinder mit Epilepsie im Bereich von Teilleistungen einen höheren Förderbedarf als andere lernbeeinträchtigte Schüler haben. Sie äussern dies mit 63 Stimmen zu 46 Gegenstimmen. Im Bereich der Verhaltensauffälligkeiten sind sie sich hingegen uneinig. Die Hälfte (44 Stimmen) ist der Meinung, dass die Kinder einen erhöhten Bedarf ausweisen werden, die andere Hälfte ist gegenteiliger Ansicht. Die grosse Mehrheit (73 Meinungen) ist parallel der Ansicht, dass die Kinder nicht in beiden Bereichen einen erhöhten Förderbedarf aufweisen werden, aber auch nicht in keinem der beiden (77 Ansichten). Dies kann so interpretiert werden, dass die SHP einen höheren Förderbedarf in irgendeinem Bereich erwarten, was sich auf die Chancen und Grenzen einer möglichen Integration auswirken kann, aber nicht muss.

Chancen und Grenzen

Die Krankheit alleine rechtfertigt keine pädagogisch-therapeutische Massnahme. Kinder mit Epilepsie benötigen aber in der Realität häufiger stützende Massnahmen durch die SHP als Kinder ohne Epilepsie (Christ et al., 2006).

Im Bereich Förderbedarf zeigt sich folgendes Bild:

Chance	n	49
Grenzen		55

Aussage 41

Dieses Fördersetting wirkt sich erfolgreich auf die Förderung von Kindern mit Epilepsie aus:

Teamteaching, Gruppenförderung oder Einzelförderung

Teamteaching

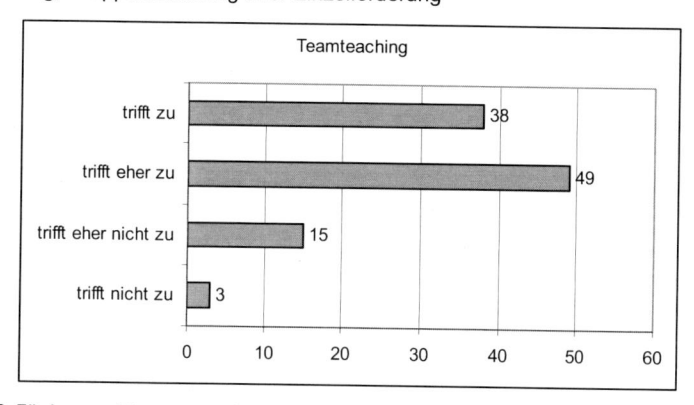

trifft zu	38
trifft eher zu	49
trifft eher nicht zu	15
trifft nicht zu	3

Abb. 66: Förderung - Diagramm zu Aussage 41 – Teamteaching

Gruppenförderung

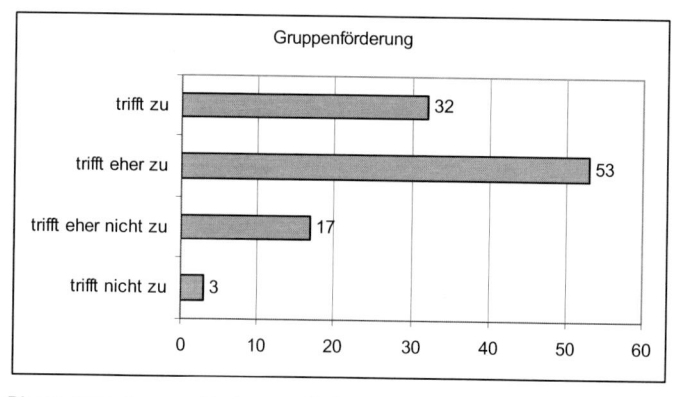

trifft zu	32
trifft eher zu	53
trifft eher nicht zu	17
trifft nicht zu	3

Abb. 67: Diagramm zu Aussage 41 - Gruppenförderung

Einzelförderung

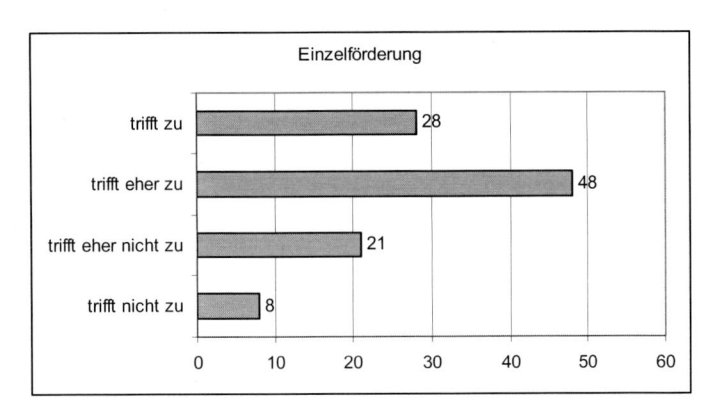

trifft zu	28
trifft eher zu	48
trifft eher nicht zu	21
trifft nicht zu	8

Abb. 68: Förderung - Diagramm zu Aussage 41 - Einzelförderung

Interpretation

Diese drei Diagramme zeigen auf, dass alle drei Fördersettings von den SHP als erfolgreiche Settings im Hinblick auf die Integration von Kindern mit Epilepsie gewertet werden. Spitzenreiter ist dabei Teamteaching mit 87 Stimmen vor der Gruppenförderung mit 85 Stimmen und an 3. Stelle folgt die Einzelförderung. Interessanterweise wird die Einzelförderung als separierende Massnahme sehr hoch als erfolgreiches Fördersetting bewertet.

Chancen und Grenzen

Basis jeglichen Fördersettings ist die individuelle Abstimmung auf das einzelne Kind, um ihm ohne permanent hohen Leistungsdruck das Lernen und Lernerfolge zu ermöglichen (LEB, 2008, S. 59).

Im Bereich Fördersetting zeigt sich folgendes Bild:

Chance   n   67
Grenzen   38

Das folgende zusammenfassende Bild zeigt sich für die Kategorie spezifische Förderung wie folgt:

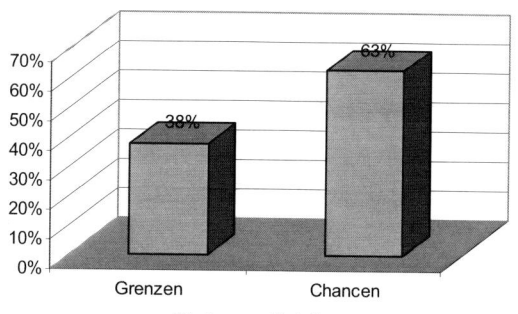

Abb. 69: Förderung – Diagramm Förderung - Total: Mittelwert

Knapp zwei Fünftel oder genau definiert 38% der SHP sehen Grenzen innerhalb der spezifischen Förderung der Kinder von Epilepsie für deren gelingende schulische Integration. Die Chancen werden von der Gesamtheit der Befragten höher eingeschätzt als die Grenzen. Trotz dessen ist der Anteil der Negativerwartungen durch Optimierung der Förderung und deren Rahmenbedingungen in Zukunft zu Gunsten des Chancenanteils zu verringern.

Kategorie Interdisziplinäre Zusammenarbeit

Die Fragen 42, 43, 44 und 45 beziehen sich auf die Wichtigkeit der interdisziplinären Zusammenarbeit bei der schulischen Integration von Kindern mit Epilepsie. In der nachfolgenden Auswertung werden die Erwartungen der SHP bezüglich Wichtigkeit eruiert.

Aussage 42

Die interdisziplinäre Zusammenarbeit ist eine grundlegende Voraussetzung für eine Integration von Kindern mit Epilepsie.

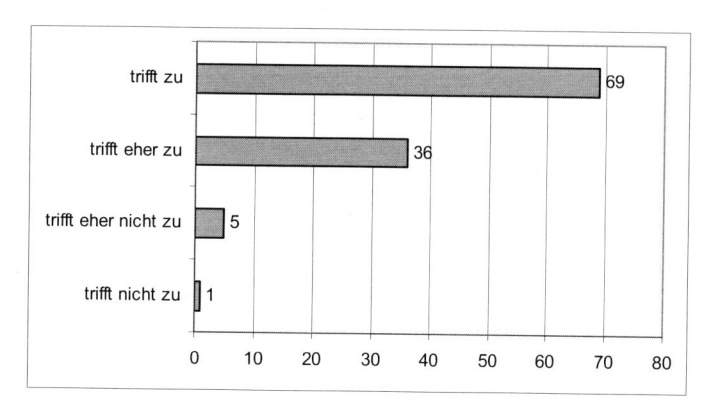

Abb. 70: Interdisziplinäre Zusammenarbeit - Diagramm zu Aussage 42

Interpretation

Die interdisziplinäre Zusammenarbeit wird von den befragten SHP offensichtlich als grundlegende Voraussetzung gesehen. Nur 6 der befragten Personen empfinden die Zusammenarbeit nicht als notwendige Basis für die schulische Integration von Kindern mit Epilepsie.

Chancen und Grenzen

Das Ziel einer guten interdisziplinären Zusammenarbeit ist, das Kind mit seiner Behinderung oder Krankheit zu einem stabilen Selbstwertgefühl, zu individuellen Lebensperspektiven, Zielsetzungen und zu Freude am Leben zu verhelfen (SVEEK, 1995, S. 64).

Es zeigt sich im Bereich Interdisziplinäre Zusammenarbeit folgendes Bild:

Chance   n   104
Grenzen   6

Aussage 43

Die Informationsweitergabe über Epilepsie-Erkrankungen von Schülern gegenüber Teamkollegen und Angestellten im Schulhaus ist neutral zu halten.

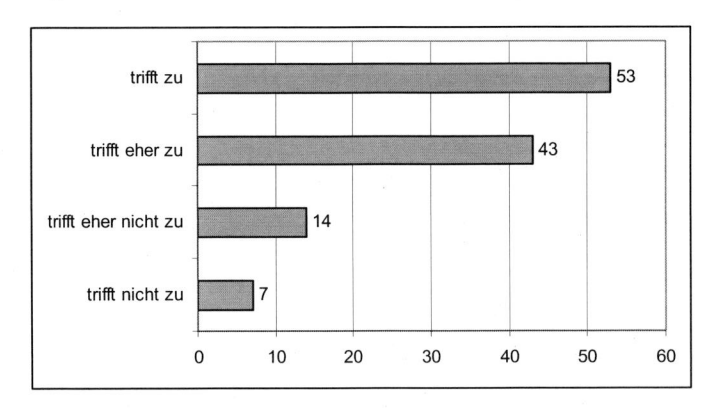

Antwort	Anzahl
trifft zu	53
trifft eher zu	43
trifft eher nicht zu	14
trifft nicht zu	7

Abb. 71: Diagramm zu Aussage 43

96 der SHP sind der Meinung, dass die Informationsweitergabe innerhalb des Schulhausteams neutral zu gestalten ist. 21 Personen sind gegenteiliger Meinung.

Als eine Chance für die schulische Integration wird das Vorhandensein von Erfahrungen definiert.

Es zeigt sich im Bereich Informationsweitergabe folgendes Bild:

Chancen	96	Keine Nennungen	59
Grenzen	21		

Aussage 44

Der regelmässige Austausch mit den Eltern des Kindes bezüglich Wohlbefinden, schulischen Leistungen und Krankheitsverlauf ist als Selbstverständlichkeit zu handhaben.

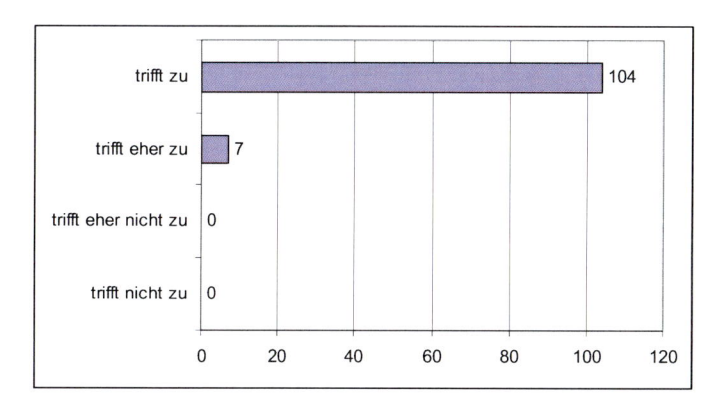

trifft zu	104
trifft eher zu	7
trifft eher nicht zu	0
trifft nicht zu	0

Abb. 72: Interdisziplinäre Zusammenarbeit – Diagramm zu Aussage 44

Interpretation

Hier zeigen die Aussagen der Befragten eine ganz klare Richtung. Keine einzige Person ist der Meinung, dass die interdisziplinäre Zusammenarbeit mit den Eltern nicht eine Selbstverständlichkeit darstellt. **Alle SHP** sind der Meinung, dass die Zusammenarbeit mit den Eltern von solchen Kindern ein ganz klarer Bestandteil der interdisziplinären Zusammenarbeit in deren Gesamtheit darstellt.

Chancen und Grenzen

Eine offene, partnerschaftliche Beziehung zwischen Lehrperson und Eltern dient als Basis für eine unbelastete, förderliche Beziehung zwischen Kind und Lehrperson (LEB, 2008, S. 53).

Es zeigt sich im Bereich Zusammenarbeit mit den Eltern folgendes Bild:

Chancen	111
Grenzen	0

Aussage 45

Die interdisziplinäre Zusammenarbeit ist mit folgenden Fachpersonen ebenfalls von Wichtigkeit:

Arzt, Selbsthilfegruppe, Epilepsie-Beratungsstelle, Epilepsie-Klinik, Neurologen, Psychotherapeut, Laufbahnberatung.

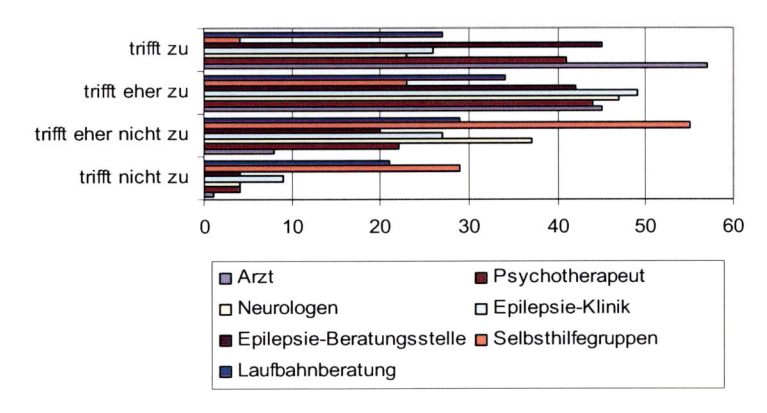

Abb. 73: Interdisziplinäre Zusammenarbeit - Diagramm zu Aussage 45

Interpretation

Die Zusammenarbeit mit dem behandelnden Arzt wird von den SHP als sehr wichtig angesehen. Ebenfalls als sehr wichtig wird die Zusammenarbeit mit den Beratungsstellen wie SVEEK angeschaut. Als wichtige Zusammenarbeit definieren die Befragten die Zusammenarbeit mit der Epilepsie-Klinik. Für alle Oberstufenschüler wird die Zusammenarbeit mit der Laufbahnberatung ebenfalls als wichtig deklariert.

Die Zusammenarbeit mit Selbsthilfegruppen wird von den SHP als nicht wichtig erwartet. Eine Interpretation hierfür könnte sein, dass die SHP die Zusammenarbeit mit den Selbsthilfegruppen in die Verantwortung der Direktbetroffenen oder deren Eltern übergeben.

Interessant ist auch die Erwartungshaltung gegenüber der Zusammenarbeit mit den Fachpersonen Psychotherapeuten und Neurologen. Die Zusammenarbeit mit ihnen wird teils als wichtig, teils als nicht so wichtig definiert. Unwissen über die Notwendigkeit der Zusammenarbeit mit diesen, vor allem bezüglich zielgerichteter Förderplanung oder eine persönliche Hemmschwelle, kann als Grund für diese Erwartungshaltung interpretiert werden.

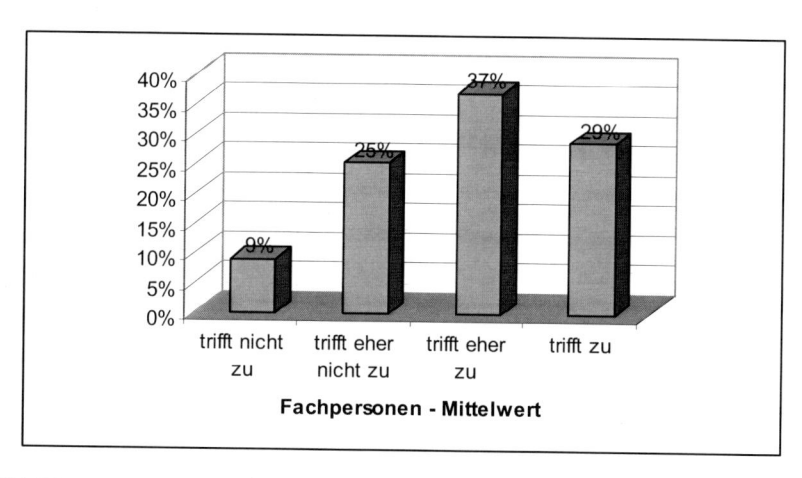

[Balkendiagramm: Fachpersonen - Mittelwert
- trifft nicht zu: 9%
- trifft eher nicht zu: 25%
- trifft eher zu: 37%
- trifft zu: 29%]

Abb. 74: Interdisziplinäre Zusammenarbeit – Diagramm Zusammenarbeit mit Fachpersonen – Mittelwert

Interpretation

Zwei Drittel der befragten SHP sind der Meinung, dass die Zusammenarbeit mit verschiedenen Fachpersonen von grosser Wichtigkeit ist bei der Integration von Kindern mit Epilepsie: 72 Nennungen. Ein Drittel der SHP ist der Meinung, dass die Zusammenarbeit weniger wichtig ist: 39 Nennungen.

Chancen und Grenzen

Das Krankheitsbild der „Epilepsien" gestaltet sich als sehr komplex. Aus diesem Grund gestaltet sich eine erfolgreiche Integration aufgrund der Beleuchtung aller eng miteinander verbundenen Aspekte wie psychosoziale, pädagogische, medizinische und historisch-gesellschaftliche (SVEEK, 1995, S. 64).

Es zeigt sich im Bereich Zusammenarbeit mit Fachpersonen folgendes Bild:

Chancen 72
Grenzen 39

Es zeichnet sich für die interdisziplinäre Zusammenarbeit als Teilbereich der schulischen Integration von Kindern mit Epilepsie folgendes Gesamtbild ab:

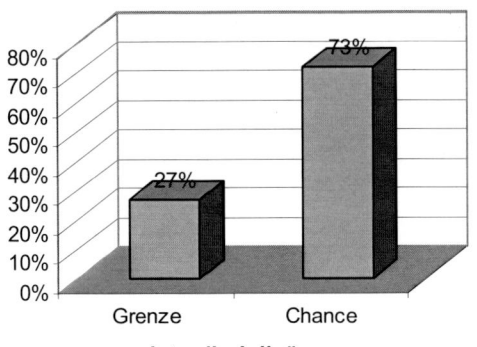

```
80%                        73%
70%
60%
50%
40%      27%
30%
20%
10%
 0%
       Grenze           Chance
         Interdisziplinäre
       Zusammenarbeit - Total
```

Abb. 75: Interdisziplinäre Zusammenarbeit – Diagramm Totale: Mittelwert

Die interdisziplinäre Zusammenarbeit wird als Chancenbereich der schulischen Integration erwartet. Über 70% der SHP, knapp drei Viertel, sind dieser Ansicht. Sie sind der Meinung, dass sich die interdisziplinäre Zusammenarbeit als Teilbereich der schulischen Integration positive Effekte auf die zukünftige Integration von Kindern mit Epilepsie zeigen wird und so für das Gelingen der Integration einen Beitrag leisten wird.

7 Diskussion

Das vorliegende Kapitel soll in Form einer Momentaufnahme die subjektiven Theorien der Schulischen Heilpädagogen hinsichtlich Chancen und Grenzen schulischer Integration von Kindern mit Epilepsie vor dem Hintergrund der erarbeiteten Theorie abbilden.

In den folgenden Abschnitten werden die für die Erstellung des Fragebogens verwendeten Erkenntnisse aus dem erarbeiteten Theorieteil jenen des Forschungsteils in Gegenüberstellung diskutiert. Die Diskussion erfolgt entlang der Forschungsfragestellung, unterteilt in die Hauptbereiche der schulischen Integration von Kindern mit Epilepsie: Wissen, Erfahrungen, Voraussetzungen/Grundhaltung, Beschulung, Unterricht, Förderung und interdisziplinäre Zusammenarbeit. Zusammenfassend werden die Erkenntnisse aus der Diskussion in Leitsätzen formuliert. So werden im anschliessenden Kapitel die Fragestellungen beantwortet.

7.1 Einordnung der Erwartungshaltungen der SHP im Bereich Wissen

Die Gesamtheit aller befragten SHP verfügt über ein **Alltagswissen** betreffend Epilepsie und halten so Epilepsie nicht mehr für eine Geisteskrankheit, sondern ordnen sie den chronischen Krankheiten und den Behinderungen zu. Diese Tatsache deckt sich mit der Literatur über die Epilepsie-Umfrage von Epi-Suisse im Jahre 2003: Vernachlässigbar wenige Schweizer halten Epilepsie noch für eine Geisteskrankheit (Epi-Suisse, 2003). Hinsichtlich des **Allgemeinwissens** ist nur eine teilweise Übereinstimmung der Forschungsresultate mit den Literaturerkenntnissen erkennbar. Die Literatur spricht von einem häufig geringen Wissen und einer Hilflosigkeit aufgrund des Unwissens gegenüber dem gesamten Problemkomplex der Integration von Kindern mit Epilepsie (Schöler, 2009, S. 41). Die Forschungsresultate hingegen zeigen eine hälftige Verfügbarkeit des Allgemeinwissens bei den SHP. Zergliedert man die Resultate der Totale, dann erhält man die differenzierte Aussage, dass zwar die Hälfte der Befragten die Verfügbarkeit bejaht, aber jeder neunte Befragte sein Allgemeinwissen „als nicht mit wirklich vorhanden" bezeichnet. Diese differenzierte Erkenntnis stützt die Aussagen der Literatur. Wenige SHP verfügen über **spezifisches Wissen**. Dieses Resultat stimmt erwartungsgemäss mit den literarischen Erkenntnissen überein. In der Literatur findet man das fehlende spezifische Wissen innerhalb der sozialen und leistungsmässigen Integrationsformen, im Umgang mit den Schülern mit Epilepsie und spezifisch bei chronischen Krankheiten, wie die der Epilepsie, das Wissen über Form & Auswirkungen. Den befragten Fachleuten ist ihr fehlendes Wissen im Bereich Epilepsie durchaus bewusst. Über die Hälfte äussert ein fehlendes Wissen betreffend Anfallsleiden, Einschränkungen, interdisziplinäre Zusammenarbeit, Beeinträchtigungen und speziellen Bedürfnissen. Am deutlichsten fehlt den Befragten konkretes, umsetzbares Wissen in Bezug auf die spezielle Förderung von Kindern mit Epilepsie. Am wenigsten fehlt ihnen Wissen über den medizinischen Hintergrund, was im Vergleich mit der Literatur nicht verwundert, denn literarisch sind am meisten medizinische Quellen bezüglich Epilepsie zu finden. Dementsprechend scheint ein Bedarf an Aufklärungsarbeit an den Schulen, wie sie Wipf in seiner Studie beschreibt, unausweichlich zu sein, denn das breit gefächerte Wissen wird in der Literatur als zentral für die Integration von Kindern mit Epilepsie beschrieben (Wipf, 2009).

Leitsatz 1: Die befragten SHP verfügen über Alltagswissen, teilweisem Allgemeinwissen hauptsächlich über ganz spezifisches Fachwissen in Bezug auf Epilepsie und Integration von Kindern mit Epilepsie.

7.2 Einordnung der Erwartungshaltungen der SHP im Bereich Erfahrungen

Die Aussagen der SHP, betreffend aktuellen Erfahrungen im Schulalltag und privaten Erfahrungen mit Epilepsie im Vergleich mit der Umfrage von Epi Suisse, weisen darauf hin, dass die befragten SHP, als Fachpersonen im schulischen Bereich, über weniger Erfahrungen mit Epilepsie verfügen als die Schweizer Bevölkerung im Durchschnitt. Daraus ist die Aufklärungsarbeit an Schulen kongruent mit der Theorie von Wipf, als logische Konsequenz gegeben (2009). Die früheren Erfahrungen der SHP im Schulalltag übersteigen die aktuellen mit fast der doppelten Anzahl Nennungen. Parallel besteht eine Korrelation zwischen Anzahl Jahre Berufstätigkeit und früheren Erfahrungen im Schulalltag. Bei der Anzahl Berufsjahre über 15 ist eine signifikante Steigerung der früheren Erfahrungen zu verzeichnen. Aus der Literatur konnten diesbezüglich keine Erkenntnisse herausgearbeitet werden. Die Konsequenz daraus wäre eine Untersuchung für die Klärung der Korrelation. Ergänzend besteht eine Korrelation zwischen früheren Erfahrungen und aktuellen Erfahrungen. Alle, die sich über frühere Erfahrungen bejahend geäussert haben, fördern auch aktuell mehr Kinder mit Epilepsie. Dies führt zu subjektiven Hypothese, dass Kinder mit Epilepsie in den Schulen existent sind, dass diese aber vermindert von den Lehrpersonen als Kinder mit Epilepsie bewusst wahrgenommen werden, dies kann aus Gründen des nicht vorhandenen Wissens, der fehlenden Erfahrung und möglicherweise auch, weil die Eltern von Kindern mit Epilepsie diese Information den Lehrpersonen aus Angst vor Diskriminierung vorenthalten, interpretiert werden. Diese hypothetische Erkenntnis ist deckungsgleich mit der theoretische Aussage des SVEEK (1995, S. 61) über die Ängste der Eltern aber auch aktuelle Informationen der

Epi-Klinik in Zürich, aus denen erkenntlich wird, dass Eltern ihre Kinder in den Schulferien zur medikamentösen Einstellung anmelden, nur dass niemand aus dem Umfeld von der Erkrankung erfährt.

Leitsatz 2: Die Erfahrungen der befragten SHP sind in einem durchschnittlich geringen Ausmass auszumachen. Die spezifischen Erfahrungen im Schulalltag definieren sich mehrheitlich in früheren Erfahrungen.

7.3 Einordnung der Erwartungshaltungen der SHP im Bereich Voraussetzungen & Grundhaltung

Die in der Literatur herausgearbeiteten gesetzlichen Grundlagen für die Integration von Kindern mit Epilepsie sind in der Schweiz ganz klar auf Bundes-, Kantons- und Gemeindeebene gegeben und beschreiben ein Diskriminierungsverbot (BV, Art. 8 & 14), das Recht auf eine den Bedürfnissen angepasste Beschulung und soweit als möglich das Recht auf Integration in der Regelschule (Behindertengleichstellungsgesetz, 2003, Art. 20). Weltweit wurde in der Salamanca Erklärung der UNESCO das grundsätzliche Recht jedes Menschen auf Bildung definiert (1994). Diese gesetzlichen Grundlagen prägen der Ausgangslage als wesentliches Merkmal für die Eingliederung von Kindern mit Epilepsie in die Bildungssituation, in die Berufs- und Arbeitswelt und allgemein in die gesellschaftliche Struktur nach Schneble positiver Prägung (2003). Unterstützend kommen all die fachwissenschaftlichen Auseinandersetzungen von Cloerkes, Bleidick, Joller-Graf, Feuser, um nur einige wichtige Autoren zu nennen, und deren Definitionen bezüglich schulischer Integration hinzu.

Mathes/Schnebel, (1992) in LEB, (2008, S. 42) beschreibt auf der Schulebene drei wichtige Voraussetzungen bezüglich Integration von Kindern mit Epilepsie:

- ➢ Integrationswille der Lehrperson
- ➢ Integrationswille der Mitschüler (Umfeld)
- ➢ Integrationsfähigkeit des betroffenen Kindes

Der Integrationswille der Lehrpersonen wird in der Literatur durch die Grundhaltung, Kooperation, Qualifikation und Engagement definiert. Antor & Bleidick (2001, S. 12) hat die Definition mit der Bereitschaft, den Unterricht zu öffnen und das eigene Wissen zu erweitern, ergänzt. Im Vergleich mit den Resultaten aus dem Forschungsteil sind Gemeinsamkeiten erkenntlich. Die Mehrheit äussert eine positive Grundhaltung mit Gefühlen wie Interesse, Neugier und Faszination, hat eine grundsätzlich positive Erwartungshaltung und definiert die Art der Beeinträchtigung „Teilleistungsstörung, Verhaltensauffälligkeit oder beides" nicht als Kriterium für die Bereitschaft gegenüber der Integration.

Cloerkes (2007, S. 251ff) beschreibt diese positive Grundhaltung als vorhanden, geht aber noch weiter und macht die Umsetzung von den vorhandenen Rahmenbedingungen abhängig. Er nennt genügend zeitliche Ressourcen, materielle Unterstützung, in Form von Unterrichts-, Förder- und Hilfsmaterial, Schülerzahlen und interdisziplinäre Zusammenarbeit als notwendige Rahmenbedingungen, damit die positive vorherrschende Grundhaltung nicht ins Negative kippt. Im Vergleich mit den Befragungsresultaten kann eine klare Divergenz ausgemacht werden. Das Vorhandensein von konkretem Material und Hilfsmittel für die Förderung und den Unterricht von Kindern mit Epilepsie wird nur mit einem Viertel der Stimmen bejaht. Die Rahmenbedingung der materiellen Unterstützung kann klar als nicht erfüllt taxiert werden.

In Bezug auf eine Integration von Kindern mit Epilepsie fühlt sich die Hälfte qualifiziert, die andere nicht qualifiziert. Diejenigen mit früherer Berufserfahrung fühlen sich tendenziell qualifizierter als diejenigen ohne frühere Berufserfahrungen.

Im Bereich der Weiterbildungsmotivation zeigt sich ein divergierendes Bild: Fast ausschliesslich alle befragten Personen sind zu einer Weiterbildung bereit. In der Literatur hingegen werden die Lehrpersonen als Berufsleute beschrieben, die keine Unterscheidung zwischen den Epilepsieformen und der Individualität der Kinder machen und die Kinder lieber ausgliedern als sich selber weiterzubilden (Puckhaber, 2006, S. 116ff). Aufgrund der Weiterbildungsbereitschaft kann angenommen werden, dass sich die befragten SHP der Konsequenz der mangelnden Qualifikation bewusst sind.

Auf den Integrationswillen der Mitschüler und die Integrationsbereitschaft des Kindes wurde in der Forschung nicht eingegangen, da das Ziel der Forschung die detaillierte Beleuchtung des Blickwinkels der SHP war. Der Vergleich aller drei Sichtweisen würde sicher zu aufschlussreichen Forschungsresultaten im Hinblick auf die Integration von Kindern mit Epilepsie führen. Hierzu wären zukunftsweisend zwei ergänzende Forschungen im Bereich Kinder und Mitschüler zu tätigen. Literarische Erkenntnisse im Bereich Integrationswille der Mitschüler und Integrationsbereitschaft des Kindes sind zahlreiche unter 4. nachzulesen. -> ausformuliert auf Korrekturzettel.

Leitsatz 3: Die SHP ermöglichen die schulische Integration von Kindern mit Epilepsie aufgrund ihrer positiven emotionalen Grund- & Erwartungshaltung, ihrer Weiterbildungsbereitschaft für das Erlangen der notwendigen Qualifikationen und ihrer Offenheit gegenüber jeglicher Art von Beeinträchtigung. Das nicht vorhandene konkrete Material für Förderung und Unterricht von Kindern mit Epilepsie wird als begrenzend in der konkreten Umsetzung der Integration erwartet.

7.4 Einordnung der Erwartungshaltungen der SHP im Bereich Beschulung

Sowohl in der Literatur wie auch in der den Forschungsresultaten wird die Vermeidung der sozialen Entwurzelung durch eine integrative Beschulung am Wohnort als Chance für die Kinder mit Epilepsie erkannt. Hier herrscht sowohl theoretische wie forschungsmässige Einigkeit. Christ et al. setzt des Weiteren keine unnötigen Einschränkungen bezüglich Schulalltag, keinen Ausschluss von ausserschulischen Aktivitäten, sondern höchstens besonderen Massnahmen für eine mögliche Teilnahme für die Beschulung im integrativen System voraus (2006). Diese Theorie zeigt eine Übereinstimmung mit der Erwartungshaltung der SHP. Fast ausschliesslich alle Befragten sind der Meinung, dass die Einschränkungen auf einem absoluten Minimum gehalten werden müssen für eine optimale Entwicklung des Kindes. Und trotz dessen wird in der Literatur oft von einer Aussenseiterposition der Kinder mit Epilepsie gesprochen. Diese Aussenseiterrolle erfolgt gemäss Cloerkes aufgrund einer ungünstigeren sozialen Stellung innerhalb der Schülergemeinschaft (2007, S. 251ff). Da dieses Phänomen unabhängig von der Schulform auftritt, auch in der Sonderschule, ist nicht die Schulform für die soziale Integration massgebend, sondern der integrative Unterricht: „Die soziale Integration erfolgt nicht aufgrund einer spezifischen Schulform oder automatisch, sondern aufgrund der gelebten Unterrichtskultur" (Bildungsdirektion ZH). Die Unterrichtskultur wird im Bereich integrativer Unterricht, unter 4.9.2, diskutiert.

Die Zuschreibung einer Sonderrolle für die Kinder mit Epilepsie wird von der Mehrheit der befragten Fachpersonen verneint. Und trotzdem - jeder 3. Befragte ist der Meinung, dass sie einer definierten Sonderrolle bedürfen. Dies kann mit den theoretischen Ausführungen, dass die Umwelt ein Problem mit Kindern mit Epilepsie in Form von Berührungsängsten, Unsicherheiten, Befürchtungen, Vorurteilen hat, wo konkrete Anfälle als Verstärker wirken, vereinbart werden (Schöler, 2009). Eine Sonderrolle bedarf einer besonderen Behandlung. So kann die besondere Behandlung legitimiert werden. So korreliert diese Erwartungshaltung mit der Erwartungshaltung bezüglich der 24-Stunden-Beaufsichtigung und -Betreuung. Je mehr Nennungen im Bereich 24-Stunden-Betreuung, desto mehr Nennungen waren im Bereich Sonderrolle zu verzeichnen. Kontrovers wird aber in der Literatur mehrheitlich die nicht legitime Zuschreibung einer Sonderrolle, zielorientiert diskutiert in Form von der Inexistenz von typischen Epilepsie-Charaktereigenschaften, Verhaltensweisen und Leistungsbeeinträchtigung.

Leitsatz 4: Aus der Sicht der SHP bereiten Vermeidung von sozialer Entwurzelung, ein Minimum an Betreuung und Beaufsichtigung, minimalste Einschränkungen und das Nein zur Zuschreibung von Sonderrollen den Weg hin zu einer integrativen Beschulung von Kindern mit Epilepsie.

7.5 Einordnung der Erwartungshaltungen der SHP im Bereich Unterricht

Der integrative Unterricht Kinder mit Epilepsie integriert, beruht gemäss literarischen Erkenntnissen auf der integrativen Pädagogik. Die integrative Pädagogik ist gemäss Demmer-Dickmann und Struck (1991, S. 13) nicht eine Anpasserei, eine Gleichmacherei. Das Ziel ist, etwas Gemeinsames zu schaffen, Unterschiede und Trennendes zu benennen, zuzulassen und zu akzeptieren. Daraus resultiert als logische Konsequenz die Benennung des Unterschiedlichen und Trennenden. Die **Information,** in erster Linie der Mitschüler, über die Epilepsie eines Kindes, die von den befragten SHP fast einheitlich als Voraussetzung für jegliche Integration definiert wird, wird in der Literatur sehr kontrovers diskutiert. Der SVEEK (1995, S. 54) fordert eine sachliche umfassende Information der Mitschüler. LEB (2008, S. 43) ist der Meinung, dass die Information vorausgehend sehr gut, im Hinblick auf eine mögliche Überbewertung und daraus hervorgehende Stigmatisierung des Kindes, abgewogen werden sollte. Schöler (2009, S. 95) grenzt die Information auf eine informierende Vorbereitung im Hinblick auf einen möglichen Anfall ein. In der vorliegenden Forschung gehen die Befragten sogar noch weiter und sind der Meinung, dass das Kind mit Epilepsie in die Informationstätigkeit miteinbezogen werden soll und mehr als die Hälfte ist der Meinung, dass das Thema Epilepsie als Unterrichtsthema, z.B. im Fach Mensch und Umwelt behandelt werden soll, falls ein Kind mit Epilepsie schulisch integriert wird. Der Einbezug des Kindes, evtl. der Eltern und des behandelnden Arztes bei einer Aufklärung der Klasse, wird parallel berücksichtigt (Schöler, 2009, S. 95, SVEEK, 1995, S. 54).

Der Unterricht wird in der Literatur des SVEEK (1995, S. 42) kongruent mit der Erwartungshaltung der SHP als **Unterricht**, der die individuellen Lernvoraussetzungen „Lerntyp, Begabung & Beeinträchtigung, die Klassenatmosphäre und die Beziehungen" berücksichtigt, beschrieben. Wie es die SHP erwarten, wirkt eine grosse Diversifikation von Unterrichtsgestaltungsmassnahmen sich unterstützend auf den Unterricht aus, wobei Struktur und Rhythmisierung bei ihnen an erster Stelle stehen. Von zentraler Bedeutung sind gemäss literarischen Erkenntnissen auch die methodisch-didaktischen Arrangements (SVEEK, 1995, S. 42), deren Parallelen in den Forschungserkenntnissen zu finden sind. Dort zeichnet sich der handelnde Unterricht als besonders bewährte Unterrichtsmethode ab.

Der integrative Unterricht hat positive Auswirkungen sowohl auf die Kinder mit Epilepsie wie auch auf diejenigen ohne. Die Begegnung und die Zusammenarbeit mit Menschen mit einem Handicap führt einerseits zu einer höheren Sozialkompetenz und andererseits zum Kennenlernen der eigenen Stärken und Schwächen und deren konstruktiven Umgang (Cloerkes, 2007, S. 251ff). Dieser Meinung sind auch die befragten SHP in der vorliegenden Forschung. Drei Viertel der teilnehmenden Fachpersonen sind der Ansicht, dass der integrative Unterricht inklusive Kinder mit Epilepsie als Chance für Kinder ohne Epilepsie definiert werden kann. Diese theoretischen Ausführungen werden durch die Auswertung der Erwartungshaltungs-Korrelation von Lernentwicklung der Kinder mit Epilepsie mit der Entwicklung der Sozialkompetenz der Kinder ohne Epilepsie bestärkt. Die Lernentwicklung geht mit der Entwicklung der Sozialkompetenz grundlegend einher.

Lanfranchi (2009) belegt durch diverse Forschungsresultate in seiner Literatur ergänzend, dass die leistungsstarken Kinder durch die Anwesenheit von lernbeeinträchtigten Kindern in ihrem Lernerfolg nicht gebremst werden. Die Erwartungshaltung der SHP geht in dem Sinne noch weiter, indem sie einen positiven Einfluss auf die Lernentwicklung der Kinder mit Epilepsie vorhersieht. Diese Haltung wird durch die literarischen Erkenntnisse gestützt, denn Bless (2007, S. 28) meint, dass die Fortschritte schulleistungsschwacher und lernbehinderter Schüler im integrativen Schulsystem sogar signifikant besser als in Sonderschulen sind.

Unterricht. Leitsatz 5: Die befragten SHP unterstützen die Integration von Kindern mit Epilepsie mit Hilfe der integrativen Pädagogik im integrativen Unterricht. Die Machbarkeit der Integration wird durch die Information der Mitschüler über die Epilepsie, Berücksichtigung von Lernvoraussetzungen, Klassenatmosphäre und Beziehungen, mit dem methodisch-didaktischen Arrangement des handelnden Unterrichts in Anbetracht der positiven Auswirkungen auf die Sozialkompetenz aller Schüler und Lernentwicklung der Kinder mit Epilepsie ohne Beeinträchtigung ausgelegt.

7.6 Einordnung der Erwartungshaltungen der SHP im Bereich Förderung

Der Grundstein der Förderung von Kindern mit Epilepsie im integrativen Schulsystem wird durch die **neuropsychologische Diagnostik** gelegt. Dies wird in der Literatur so definiert (SVEEK, 1995, S. 43), durch die Resultate der Forschung bestätigt und mit dem Anspruch nach interdisziplinärer Zusammenarbeit, unter 4.10 ersichtlich, bekräftigt. Das Ziel der Diagnostik ist, Teilleistungs- und Verhaltensstörungen, falls vorhanden, zu eruieren, um nachfolgend gezielte therapeutische Massnahmen zu treffen (Sälke-Kellermann, 2009, S. 61). Ergänzend wird die regelmässige **Beobachtung** des Kindes, als Bestandteil der Grundlage des Förderplans, die in der Literatur in Form der Berücksichtigung individueller Entwicklungsbedingungen und Lernvoraussetzungen, spezifisch der Konzentration und Aufmerksamkeit von Christ et al. (2006) beschrieben wird, als grundlegend definiert.

Die Literatur-Erkenntnisse beschreiben einen häufigeren **spezifischen Förderbedarf** der Kinder mit Epilepsie im Bereich Teilleistungsstörungen und eine Verhaltensauffälligkeit von 30-50% aller. Einhergehend mit der Literatur äussern sich die SHP über einen höheren

Förderbedarf in den Teilleistungen mit der Mehrheit und in Verhaltensauffälligkeiten mit der Hälfte der Stimmen. Sie sind mehrheitlich der Meinung, dass mindestens einer der beiden Bereiche einen erhöhten Förderbedarf aufweist. Innerhalb des Förderbedarfs scheinen sie ihren subjektiven Theorien bezüglich Erwartungshaltung zu folgen. Aus der Literatur gehen weiterführend die Erkenntnisse hervor, dass Kinder mit Epilepsie zusätzlich vielfach Defizite im Sozialverhalten aufweisen, durchschnittlich ängstlicher & depressiver sind und ein geringeres Selbstwertgefühl & Selbstvertrauen aufweisen als Kinder ohne Epilepsie (Schöler, 2009, S. 34). Bezüglich Durchführung der Förderung definieren die SHP die Settings: Teamteaching, Gruppenförderung und Einzelförderung als erfolgreiche Varianten. In der Literatur wird nicht auf die Settings als solche Bezug genommen, sondern auf die Art und Weise der Förderung ohne permanenten Leistungsdruck mit Einbezug der Lebenswelt der Kinder gemäss LEB (2008, S. 59). Ergänzend werden Förderinhalte definiert: Förderung des Selbstvertrauens, Selbstbewusstseins und der Selbständigkeit in Kombination mit dem Abbau der Abhängigkeit (Christ et a., 2006). Die Förderbereiche der Kinder mit Epilepsie werden literarisch in den Bereichen der Sach-, Sozial- und Selbstkompetenz beschrieben und von den befragten SHP so erwartet.

Leitsatz 6: Die Machbarkeit der Förderung ist so lange gegeben, wie diese auf der Grundlage der neuropsychologischen Diagnostik ergänzt mit regelmässiger Beobachtung basiert, mit Hauptaugenmerk auf Teilleistungsstörungen und Verhaltensauffälligkeiten und tiefes Selbstvertrauen und Selbstwertgefühl, im Setting des Teamteachings, der Gruppenförderung oder punktuell der Einzelförderung ohne permanenten Leistungsdruck, aber mit dem Einbezug der Lebenswelt der Kindern.

7.7 Einordnung der Erwartungshaltungen der SHP im Bereich Interdisziplinäre Zusammenarbeit

Die **Interdisziplinäre Zusammenarbeit** wird literarisch als multiprofessionelle Kooperation, in welcher die Voraussetzungen des Kindes in Form von Ressourcen und Schwierigkeiten nicht einseitig, sondern immer im Kontext von medizinischen, psychologischen, neuropsychologischen, pädagogischen, historisch-gesellschaftlichen und familiären Aspekten analysiert und lösungsorientiert ausgewertet beschrieben. Die befragten SHP befinden die interdisziplinäre Zusammenarbeit im Allgemeinen als zentraler Bestandteil der Integration und stimmen somit mit den literarischen Erkenntnissen überein. Die **Zusammenarbeit mit den Eltern** wird sogar als Selbstverständlichkeit taxiert. Dieses Resultat widerspricht den literarischen Erkenntnissen und den persönlichen Informationen von der Epi-Klinik in Zürich. Viele Eltern verheimlichen heute noch die Epilepsie-Erkrankung ihres Kindes aus Angst vor

Diskriminierung und sind der Meinung. „Lieber keine Integration als Diskriminierung" (SVEEK, 1995, S. 61). Das vorhandene Fachwissen der Eltern kann so nicht in gewinnbringender Art und Weise für die Integration genutzt werden.

Die SHP stehen der interdisziplinären Zusammenarbeit mit Fachpersonen mit dem Anteil von zwei Dritteln aller Stimmen positiv gegenüber. Wenn man die Erkenntnisse bezüglich Zusammenarbeit mit den verschiedenen Fachpersonen differenziert betrachtet, fällt die positive Erwartungshaltung gegenüber der Zusammenarbeit mit den Fachärzten wie Neurologen und Psychotherapeut von den anderen wie behandelnder Arzt, Beratungsstelle, Epi-Klinik mit 50% negativ Bewertung klar ab. Im Bereich des Fachwissens wird die Wichtigkeit der Zusammenarbeit am tiefsten taxiert. Diese Forschungsresultate können so interpretiert werden, dass die SHP über ungenügend zeitliche Ressourcen verfügen, um mit verschiedenen Fachpersonen die Zusammenarbeit zu betreiben. So herrscht im Teilbereich der Zusammenarbeit mit Fachärzten zwischen Forschungsresultaten und Literatur ein klarer Widerspruch.

Übereinstimmung von Forschungsresultaten und literarischen Erkenntnissen herrscht bei der **neutralen Informationsweitergabe** bei Stufenübertritt des Kindes **an Berufskollegen**. Sowohl die Literatur wie die befragten SHP sehen diese Aktivität als logische Konsequenz im Rahmen des verantwortungsvollen Handelns der Lehrpersonen gegenüber dem Kind mit Epilepsie.

Leitsatz 7: Unter den SHP besteht die Meinung/Erwartungshaltung, dass die multiprofessionelle Kooperation ein Weiterkommen innerhalb der schulischen Integration von Kindern mit Epilepsie ermöglicht, wenn die persönliche pädagogische Arbeit an Grenzen stösst. Dabei spielt der zeitliche Faktor der Machbarkeit eine gewichtige Rolle.

8 Beantwortung der Fragestellung

Um der Frage nachzugehen, welche Erwartungen und Erfahrungen SHP mit epilepsiekranken Kindern im integrativen Schulsystem aufweisen und wo sie Chancen und Grenzen der Integration sehen, wurden im theoretische Teil die beiden Begriffe Epilepsie und Integration beleuchtet und unter dem Kapitel „Epilepsie und Schule" in Zusammenhang gebracht. Zusammen mit den Ergebnissen der Datenauswertung und der anschliessenden Diskussion konnten Leitsätze erarbeitet werden.

Im Folgenden wird versucht die Fragestellungen zu beantworten. Dabei werden sowohl theoretische Inhalte als auch Ergebnisse aus der Diskussion mit einbezogen:

> Welche Erwartungen und Erfahrungen haben SHP im integrierten Schulsystem mit epilepsiekranken Kindern? Wo zeigen sich Chancen einer schulischen Integration und wo ist ihr Grenzen gesetzt?

Es zeigt sich, dass die befragten SHP mehr Chancen als Grenzen bei der Integration von epilepsiekranken Kindern sehen. Ihre Bereitschaft zur Integration ist mit einer positiven **Erwartungshaltung** zu werten, welche anhand der gewonnenen Ergebnisse ersichtlich wird.

Die SHP erachten es als zentrale Bedeutung, dass ein breites **Wissen** in Bezug auf die Krankheit und deren Auswirkungen, die speziellen Bedürfnissen und krankheitstypischen Problemen, aber auch betreffend Einschränkungen/Gefahren/Verantwortlichkeiten und Erste Hilfe vorhanden sein muss. Sie sind bereit, sich dieses spezifische Fachwissen durch praxisbegleitende Fort- und Weiterbildungen anzueignen.

Was die **Erfahrungen** anbelangt, zeigt sich folgendes Bild: Je mehr Berufserfahrung ausgewiesen werden kann, umso grösser das Wissen betreffend dieser Krankheit, die Auswirkungen auf die Entwicklung und das Leben des Kindes und dessen Förderbedarf. Fehlt die Erfahrung, führt dies mehrheitlich zu einem Gefühl der Unsicherheit und Überforderung und des „Nicht genügend qualifiziert sein" im Umgang mit den betroffenen Kindern. Dies kann somit als einschränkende Voraussetzung gewertet werden.

Ebenfalls wird aus den Ergebnissen ersichtlich, dass die SHP mit einer positiven **Grundhaltung** den epilepsiekranken Kindern gegenüber stehen. Für sie gibt es keinen ersichtlichen Grund, Kinder mit Epilepsie von andern Kindern, welche einen Förderbedarf aufweisen, zu unterscheiden. Die SHP begegnen ihnen offen, mit Interesse und Motivation, was als Chance für eine erfolgreiche schulische Integration angesehen werden kann. Diese Erkenntnis wird durch die Literatur gestützt (Sermier, 2006, Lanfranchi, 2009). Für Cloerkes (2007,

S. 257ff) ist von wesentlicher Bedeutung für eine vielversprechende Umsetzung von Integration, die Einstellung und die Bereitschaft der beteiligten Lehrpersonen. Auch nennt er das Prinzip der Freiwilligkeit als eine **Voraussetzung**. Nur wenn die Lehrpersonen sich um einen integrativen Erfolg bemühen, sich freiwillig für die integrationspädagogische Arbeit in der Schule entscheiden, hat sie wirksamen Charakter.

Eine **Beschulung** am Wohnort wird von den SHP unterstützt. Sehen sie darin doch eine Chance, welche es den Kindern ermöglicht, bestehende Freundschaften weiter zu pflegen und neue Kontakte in ihrer gewohnten Umgebung zu schliessen. Das Zuschreiben von Sonderrollen soll möglichst vermieden und nötige Einschränkungen auf das Minimum reduziert werden. Die Kinder sollen wie alle anderen Kindern am gemeinsamen Schulleben teilnehmen.

Die Rückmeldungen der SHP zeigen auf, dass epilepsiekranke Kinder die Möglichkeit erhalten sollen, ihr eigenes Lerntempo und ihren eigenen Lernrhythmus zu bestimmen. Das Angebot an methodisch-didaktischen Lernumgebungen, bedürfnisorientiertem und handelndem **Unterricht** unterstützt nicht nur das epilepsiekranke Kind in seinem Lernen und seiner Teilhabe am Leben, sondern wirkt sich auch positiv auf die Lernentwicklung und die Sozialkompetenz der Kinder ohne Beeinträchtigung aus. Eine altersgerechte Information betreffend der Krankheit und deren Auswirkungen soll an die Mitschüler übermittelt werden.

Individuelle Förderangebote, entsprechende Literatur und Zugriff zu erprobten Unterrichts- und Fördermaterialien erleichtern eine gezielte **Förderung**. Genügend zeitliche, personelle und finanzielle Ressourcen, eine Reduktion der Anzahl Schüler in der Klasse, Unterstützung durch Zweitperson kommen sowohl den Bedürfnissen der Kinder als auch der SHP entgegen und minimieren Stressfaktoren.

Regelmässiger Austausch mit den Eltern wird als Voraussetzung, ja sogar als Selbstverständlichkeit erachtet. Auch eine offene und konstruktive Zusammenarbeit aller Beteiligten wird immer wieder erwähnt. Es zeigt sich, dass Lehrpersonen, welche auf eine sach- und fachgerechte Unterstützung durch Fachpersonen zählen können, sich in ihrer Arbeit bestärkt fühlen. Die **Interdisziplinäre Zusammenarbeit** (Unterstützung durch das Schulhausteam, den Arzt, die Epi-Klinik, die Beratungsstellen und Fachpersonen) hat somit einen hohen Stellenwert. Sie sind sich aber auch bewusst, dass diese Zusammenarbeit, Eltern – Lehrpersonen – Fachleute ein hohes Mass an Flexibilität sowie fundierte berufliche und menschliche Kompetenzen erfordert.

Chancen der Integration

- Das Kind kann am Wohnort zur Schule gehen, bestehende Freundschaften können weitergepflegt und neue Kontakte im gewohnten Umfeld geschlossen werden → **Beschulung**.
- Stigmatisierungs- und Aussonderungsgefahr werden durch eine integrative Einschulung minimiert → **Beschulung**.
- Das Kind wird als solches wahrgenommen und nicht auf seine Schwierigkeiten begrenzt → **Beschulung**.
- Kinder leben nicht in einem Schonraum, sondern erleben die reale Welt → **Beschulung**.
- Durch individuelle Förderung wird den Bedürfnissen des Kindes Rechnung getragen → **Förderung**.
- Die integrative Schulungsform hat einen positiven Einfluss auf die Persönlichkeits- und Lernentwicklung des Kindes → **Unterricht**.
- Die Sozialkompetenz aller Kinder wird in der Klasse gefördert. Die Kinder lernen Toleranz, Respekt, Akzeptanz gegenüber dem „Anderssein". Soziales Lernen wird zur Selbstverständlichkeit → **Unterricht**.

Für die SHP

- Die SHP erwirbt sich zusätzliche Kompetenzen, welche ihr helfen, ein noch differenzierteres Bild für die Bedürfnisse und das Entwicklungsniveaus aller Kinder zu entwickeln → **Wissen**.
- Das Verständnis gegenüber dem Kind betreffend seiner Krankheit und deren Auswirkungen nimmt zu → **Voraussetzung und Grundhaltung**.
- Zusammenarbeit mit Eltern schafft Transparenz, die Eltern wirken als Fachpersonen → **interdisziplinäre Zusammenarbeit**.
- Der Elternkontakt wird intensiviert durch ihre kooperative Mitarbeit betreffend Schulungsform und Fördermassnahmen → **interdisziplinäre Zusammenarbeit**.
- Kooperationsdenken innerhalb des Schulhausteams wird gefördert → **interdisziplinäre Zusammenarbeit**.
- Die Zusammenarbeit mit Fachpersonen erweitert den Wissenshorizont → **interdisziplinäre Zusammenarbeit**.

Grenzen der Integration

- Fehlendes Wissen kann zu Angst vor Selbstüberforderung führen→ **Wissen**.
- Gefühl der Unsicherheit macht sich breit → **Erfahrungen**.
- Das Kind ist der Zuschreibung einer möglichen Sonderrolle durch Einschränkungen/Vorsichtsmassnahmen ausgesetzt → **Beschulung**.
- Die Integration ist oft mit einem Mehraufwand verbunden. Zeitliche Ressourcen sind beschränkt → **Förderung**.
- Fehlen konkreter Fördermassnahmen und Fördermaterialien erschweren die Förderplanung → **Förderung**.
- Unterstützung durch Fachpersonen muss gewährleistet sein → **Interdisziplinäre Zusammenarbeit**.

9 Reflexion

9.1 Zielüberprüfung

Mittels der intensiven Auseinandersetzung mit der Thematik schulischer Integration von Kindern mit Epilepsie wurde das Ziel, den Bezug zu unserem Berufsalltag herzustellen und unser Wissen diesbezüglich zu erweitern und zu vertiefen, erreicht. Wie erwartet, zeigen sich das Krankheitsbild der Epilepsie und deren Auswirkungen auf die schulische, soziale und Persönlichkeitsentwicklung des Kindes als sehr komplex. Anhand der schriftlichen Befragung und Auswertung der Daten konnten wichtige Erkenntnisse für unsere praktische Arbeit gewonnen werden. Die Rückmeldungen der SHP zeigen auf, inwieweit Wissen und Verständnis gegenüber dieser Krankheit vorhanden ist, wo sich Chancen für die integrative Schulform ergeben und wo aus ihrer Sicht hemmende Faktoren vorhanden sind. Diese Ergebnisse helfen uns, den betroffenen Kindern ihren Bedürfnissen gerecht zu werden und sie durch angemessene heilpädagogische Fördermassnahmen und -möglichkeiten in ihrer (Lern-) Entwicklung zu unterstützen und zu begleiten.

Durch diese Wissenserweiterung werden unsere beruflichen Kompetenzen erweitert und wir können sie nachhaltig einsetzen. Es ermöglicht uns auch den Transfer zu anderen pädagogischen Schulschwierigkeiten, denen wir im Ausüben unseres Berufes begegnen. Das erworbene Wissen soll in der Zusammenarbeit mit andern SHP und Fachpersonen weitergegeben werden und auch sie für diese Thematik sensibilisieren.

9.2 Forschungsmethodisches Vorgehen

In der folgenden zusammenfassenden Reflexion werden die Verzerrungen bezüglich der Aussagen der Untersuchung aufgrund des forschungsmethodischen Vorgehens erörtert. So wird es möglich, den Aussagebereich der Untersuchung differenzierter abzustecken.

9.2.1 Forschungsdesign

Das Design der vorliegenden Forschung erfolgte gemäss den fünf Prinzipen der Forschungsplanung nach Moser (2008). Das Sampling wurde sorgfältig, kriteriengeleitet geplant. Spezifischer wird unter 5.1.2 auf das Sampling eingegangen. Die Stimmigkeit wurde durch das Auswählen der Forschungsmethoden, gezielt auf die definierten Forschungsfragen hin, erreicht. Das gezielte Auswahlverfahren ist abhängig vom Subjekt, dem Forscher, der es tätigt. So besteht die Möglichkeit, dass verschiedene Subjekte verschiedene Methoden auswählen und diese allesamt als sehr gezielt auf die Forschungsfragen hin interpretiert werden können. Dies wird unter 5.2.2 präziser ausgeführt. Das Prinzip der Triangulation wurde ansatzweise durch die halboffenen Fragen im Fragebogen, die mit der strukturierten, qualitativen Inhaltsanalyse ausgewertet wurden, mit den quantitativ geschlossenen Fragen im Fragebogen und dem Wissen aus der Literatur erfüllt. Die Computernutzung, als weiteres Prinzip der Planung, wurde effektiv genutzt und dessen Nutzungsmöglichkeit sehr geschätzt. Der Member Check als fünftes und letztes Prinzip konnte aus zeitlichen Gründen nicht vor der Diskussion der Daten durchgeführt werden. Von Interesse wäre aber die Durchführung des Member Checks auch im Nachhinein noch, um daraus zukunftsweisend eine separate kleine Forschung bezüglich Feedback aus dem Member Check abzuleiten und im Anschluss mit den Resultaten dieser Untersuchung zu vergleichen, auszuwerten und Folgerungen für die zukünftige Umsetzung der schulischen Integration von Kindern mit Epilepsie zu definieren.

Sampling

Die Vollerhebung, als immer noch die beste Samplingsart, um repräsentative Resultate zu erhalten, wurde aus dem Grund der zeitlichen knapp bemessenen Ressourcen bewusst nicht gewählt. Das zielgerichtete Sampling umfasste demographisch die Kantone Appenzell Ausserrhoden, Appenzell Innerrhoden, St. Gallen und Zürich. Die gleichmässige Verteilung der teilnehmenden SHP wurde in den drei Ostschweizer Kantonen erfüllt, im Kanton Zürich nahmen unterdurchschnittlich viele SHP an der Befragung teil. Durch diese Tatsache wurde die Möglichkeit, die städtischen und ländlichen Erwartungshaltungen bezüglich Integration von Kindern mit Epilepsie miteinander zu vergleichen, verbaut. Die befragten SHP unterschieden sich im Lebens- und Dienstalter und demnach in ihren Erfahrungen im Umgang mit Schülern mit besonderen Bedürfnissen. Parallel differenzierten sie sich im Bereich ihrer Erfahrung mit dem integrativen Schulsystem. Dieses gilt ja als ausschlaggebend für die Haltung der pädagogischen Fachkräfte bezüglich Integration, unter 4.8 literarisch erkannt. Die Verteilung bezüglich Geschlechter hingegen war sehr unausgeglichen. Die weiblichen Teilnehmerinnen waren den männlichen zahlenmässig überlegen. Es muss somit davon ausgegangen werden, dass die subjektiven Erwartungshaltungen der SHP bezüglich schulischer Integration von Kindern mit Epilepsie spezifisch für weibliche SHP in ländlichen Gebieten gelten.

Aus diesem Grund muss der Geltungsbereich der Untersuchung bezüglich der subjektiven Theorien zur Integration von Kindern mit Epilepsie als eingeschränkt bewertet werden.

9.2.2 Datenerhebung

Feldzugang

Der persönliche Zugang in den Ostschweizer Kantonen in dem Sinne, dass die eine Forscherin vielen Berufskollegen aus aktueller und früherer Arbeitstätigkeit bekannt ist, und der elektronische Fragebogen vom privaten E-Mail aus versandt wurde, hat sich bewährt. Die Teilnahme war weit höher als beim Feldzugang über eine neutrale, unpersönliche Stelle wie der Verein KSH Zürich.

Die Schwierigkeit, die sich aber nur beim persönlichen Zugang auftat, war, dass die Hemmschwelle emotionaler, negativer Äusserungen über einzelne Fragen oder über die Befragung an und für sich kundzutun viel kleiner war, als beim unpersönlichen Zugang.

In einem zukünftigen Forschungsvorhaben ist der persönliche Feldzugang vorgängig aufs Genauste zu durchdenken und zu planen und die Tools, wie das des Onlinefragebogens, auf höchster Ebene zu professionalisieren.

Forschungsmethode - Fragebogen

Der Fragebogen konnte aufgrund der grossen Anzahl der zurückgesandten, ausgefüllten Fragebogen dazu beitragen, auf aussagekräftige Forschungsresultate bezüglicher subjektiver Theorien der SHP im Bereich schulischer Integration von Kindern mit Epilepsie Rückschlüsse zu ziehen. Bei den 3 halboffenen Fragen ist es gelungen, die Erwartungen der Befragten noch weiter zu explizieren. Die unter 5.2.2 dargestellten Schwierigkeiten gemäss Altrichter & Posch (2007) bei der Forschungsmethode des Fragebogens, innerhalb der Verwendung und bei den spezifischen Frageformaten, haben sich negativerweise in dieser Forschung bewahrheitet:

> - Die Präzisierung und das Nachfragen bei einzelnen Fragen war nicht möglich: Bei Bemerkungen bei einzelnen Fragen wurde wiederholt Unklarheiten geäussert und Fragen gestellt. Durch den anonymisierten Rückstand der Antworten der Befragten wurden Klärung, Beantwortung und Auslegung verunmöglicht.
> - Personen, die sich schriftlich nicht ausdrücken können, sind benachteiligt gewesen: Ein grosser Anteil der befragten SHP haben mit dem Beantworten des Online-Fragebogens begonnen, diesen aber nicht beendet und nicht zurückgesandt. Ebenfalls bestätigt/verstärkt/unterstrichen/untermalt wird dieser Nachteil durch die Tatsache, dass viele Items von nicht allen SHP beantwortet wurden.
> - Die Befragten konnten nicht zusätzlich Stellung nehmen, sie konnten hauptsächlich nur eine Auswahl treffen: Nur bei 3 Fragen war eine zusätzliche Stellungnahme mög-

lich. Diese wurde in hoher Anzahl wahrgenommen. Der Bedarf an zusätzlichen Stellungnahmemöglichkeiten war von den befragten Personen her klar gegeben.

> ➢ Die Mischform der halboffenen Fragen wurde in der Forschung angewendet. Die zusätzlichen Stellungnahmen waren von grosser Anzahl, doch die Auswertung gestaltete sich schwierig, da hauptsächlich in Stichworten geantwortet wurde. Es musste von der Forschungsseite her eine Menge dazu interpretiert werden, um aussagekräftige Antworten zu erhalten. Die Möglichkeit des Nachfragens und der Präzisierung wäre auch hier von grosser Bedeutung für die Forschungsresultate gewesen.

Zusammenfassend kann die Aussage von Altrichter & Posch, dass bei halboffenen Fragen sich keine Nachteile ergeben, nicht zugestimmt werden.

So legen all die dargestellten Schwierigkeiten einen Verweis auf ein zusätzliches methodisches Vorgehen bei der Datenerhebung nahe. Deren Möglichkeiten sind viele. Sinnvoll für eine weiterführende Forschungstätigkeit in der Thematik Kinder mit Epilepsie – (schulische) Integration erscheint die Gruppendiskussion als aufschlussreiche, qualitative Sozialforschungs-Erhebungsmethode.

Der Vorteil einer der Erstellung des Fragebogens vorausgehende Diskussion würde darin liegen, die Entwicklung des umfangreichen Fragebogens erleichtern zu können. So könnten noch gezielter differenzierte Frage-Items entwickelt werden. Eine dem Survey nachfolgende Gruppendiskussion wäre der Nachfrage- und Vertiefungsmöglichkeit dienlich.

Die Absicherung der Ergebnisse wäre so durch die vollumfängliche Erfüllung des Prinzips der Triangulation gegeben (Mayring, 2002, S. 147). Die Erwartungshaltungen der befragten Personen würden von einer weiteren Seite her bestätigt. Daraus würden aussagekräftigere Endergebnisse resultieren. Durch die Triangulation werden Forschungsergebnisse besser abgesichert, da sie von mehreren Seiten her bestätigt werden können (Moser, 2008, S. 63).

In der Gruppendiskussion soll die Gruppe zum Thema der Untersuchung diskutieren (Mayring, 2002, S. 77). Die Diskussion würde auf die Teilnehmer realer wirken, sodass es sich durch die alltagsnähere Interaktionssituation als natürlich erweisen würde, Stellung zu beziehen, die eigene Meinung zu vertreten (ebd.). Die konfrontierenden Positionen würden sich in der Gruppendiskussion bei geeigneter Fallzusammensetzung vermutlich von alleine ergeben und müssten nicht mehr durch das Antizipieren von verschiedenen Positionen für konfrontierende Fragen erarbeitet werden.

9.2.3 Datenanalyse

Die Datenanalyse erwies sich als sehr umfangreich. Die Ergebnisse wurden in den vordefinierten Kategorien quantitativ ausgewertet, als interessierende Gesichtspunkte der Realität gemäss Moser (2008, S. 116) beschrieben, zusammengefasst und miteinander verrechnet. So ergab sich für jede Kategorie eine Darstellung der Chancen und Grenzen bezüglich schulischer Integration von Kindern mit Epilepsie. Diese Chancen und Grenzen basieren auf den subjektiven Erwartungshaltungen der befragten SHP.

Im Teil der qualitativen Analyse, der Auswertung der halboffenen Fragestellungen, wo ergänzende Stellungnahme in Textform gemacht werden konnte, wurden die Globalanalyse und die strukturierte Inhaltsanalyse durchgeführt. Die Verbindung dieser beiden Analysemethoden trug zur Regelgeleitetheit des Analysevorgangs bei (Mayring, 2002, S. 146). Die Analyse wurde schrittweise durchgeführt, zunächst in Form der Materialsichtung anhand der Globalanalyse, anschliessend durch das Erstellen des Kategoriensystems für die strukturierte Inhaltsanalyse. Dieses Vorgehen wird als Gütekriterium der qualitativen Sozialforschung in Form der Regelgeleitetheit bezeichnet (ebd.). Schwachpunkt war bei den halboffenen Fragen die Form der Stellungnahmen. Es wurde hauptsächlich stichwortartig geantwortet. Diese Antworten erschwerten die Interpretation. Es ist nicht möglich, sicher zu sein, dass alle Antworten so verstanden worden sind, wie sie ursprünglich gemeint waren. In einer Gruppendiskussion oder in Interviews wäre ein Nachfragen und anschliessendes Präzisieren zur Klärung der Unsicherheiten möglich gewesen.

Die qualitative Analyse, wie in der vorliegenden Untersuchung angewendet, kann auch zukünftig bei einer Gruppendiskussion erfolgreich zur Anwendung kommen. Als einziger Schwachpunkt der qualitativen Inhaltsanalyse kann die starke Theoriegebundenheit erwähnt werden. Die erfassten subjektiven Theorien sind somit an die Voreingenommenheit des Forschers gebunden. Um hier möglichst eine Verzerrung der Daten zu vermeiden, wurde im Vorfeld der Befragung das Spektrum der schulischen Integration von Kindern mit Epilepsie theoriegeleitet sehr breit erarbeitet.

9.2.4 Darstellung der Daten

Mit der Darstellung der Resultate des Fragebogens in Diagrammform, differenziert durch eine erörternde Zusammenfassung in Textform, ist es möglich geworden, die subjektiven Erwartungshaltungen der befragten SHP zur schulischen Integration von Kindern mit Epilepsie besser zu verstehen. Die Erwartungen innerhalb der einzelnen Frage-Items konnten miteinander verglichen werden, sodass Zusammenhänge erkennbar wurden, die über die einzelne Frage hinauswiesen. Diese Zusammenhänge wurden innerhalb einer

Kategorie in einer zusammenfassenden quantitativen Auswertung aller Einzelfragen innerhalb derer in Diagrammform aufgezeigt. Durch dieses Vorgehen wurden Verallgemeinerungen möglich, die sich auf den Kreis der Befragten beziehen. Auf die Einschränkung der Generalisierung wurde unter 6.1 hingewiesen. Im Diskussionsteil, Kapitel 7, konnten die Erkenntnisse dann nochmals verdichtet werden, sodass in stetiger Abgrenzung oder Übereinstimmung zur Theorie die Einordnung derer erfolgen konnte und Leitsätze für die Umsetzung der schulischen Integration formuliert werden konnten.

10 Fazit

Es geht nicht darum festzustellen, wie leistungs- und funktionsfähig ein Kind ist, damit es als „integrierbar" gelten kann, sondern um die Frage, wie eine Schule beschaffen, ausgestattet und organisiert sein muss, damit sie in der Lage ist, ein Kind zu integrieren". (Bless, Kronig, Eckhardt, 2001, zit. in Steppacher, 2008).

Ziel der Integration ist, dass das Kind möglichst seinen Fähigkeiten entsprechend einen Platz in der Schule, in seinem Umfeld und in der Gesellschaft findet und dass ihm und seiner Krankheit gegenüber Verständnis entgegengebracht wird. Die Form der Epilepsie, deren Ausprägung, die möglichen zusätzlichen Beeinträchtigungen sowie die sozialen Hintergründe spielen bei der schulischen Integration eine grosse Rolle. Andere wichtige Faktoren, die für eine Integration von Bedeutung sind, betreffen die aktuellen gesellschaftlichen Bedingungen, die Sozialpolitik und das Bildungssystem. Alle drei Komponenten leisten ihren Beitrag zur Förderung der Kinder und Jugendlichen mit Einschränkungen. Trotz hemmender Faktoren, soll es Chancengleichheit für alle geben. Es geht dabei nicht nur um die schulische Entwicklung, sondern auch um den Aufbau von Beziehungen und Entfaltung der Persönlichkeit. Dabei wird eine möglichst autonome Lebensführung angestrebt.

10.1 Weiterführende Forschungsthemen

Das Thema „Kinder mit Epilepsie in der Regelschule" findet mit der Bearbeitung dieser Fragestellung keinen Abschluss. Es wurde mit dieser Untersuchung nur einen Aspekt aus einem vielfältigen Themenkreis untersucht. Weiterführende Untersuchungen innerhalb dieser Thematik wären interessant und gäben zusätzliche Einblicke in ein spannendes Gebiet.

Mögliche weiterführende Forschungsbereiche sind:

➢ Lehrpersonen/SHP – Es könnten mittels Interview gleiche oder ähnlich formulierte Fragen bearbeitet werden. Dadurch würde der Kreis der befragten Personen erweitert werden.

➢ Leben mit Epilepsie - Wie erlebt ein betroffenes Kind seine Krankheit? Welche Erwartungen und Wünsche stellt es an die Schule, Lehrpersonen und Mitschüler?

➢ Elternarbeit – Wie erleben Eltern betroffener Kinder die integrative Schulform? Wie sollte aus ihrer Sicht eine erfolgreiche Zusammenarbeit aussehen? Welche Wünsche haben sie an die Schule als Institution und an die Lehrpersonen?

- Entwicklung der Epilepsie in der Mittel-/Oberstufe? Wie kommen die Kinder mit den höheren Leistungsanforderungen zurecht und wie bewältigen sie daraus resultierende Stresssituationen?
- Integrative/separative Schulform - Vergleich der beiden Schulformen, positive/negative Aspekte?
- Mitschüler – Wie erleben Mitschüler ein epilepsiekrankes Kind in ihrer Klasse? Welche Auswirkungen hat für sie die Krankheit im Schulgeschehen?
- Epilepsie als Projektarbeit - Wie könnte die Information in der Klasse erfolgen? Wie könnte das Thema innerhalb einer Projektwoche in der Klasse bearbeitet werden?

11 Empfehlenswerte Literatur

Krämer, G. (1998). *Epilepsie: Antworten auf die häufigsten Fragen.* Stuttgart: Thieme Verlag.

Landesverband Epilepsie Bayern e. V. (LEB). (2008). *Epilepsie – eine pädagogische Herausforderung für jede Schule?!* Augsburg: SHG Epilepsie Augsburg.

Schöler, J. (Hrsg.), Schaudwet, A. (2009). *Epilepsie bei Kindern und Jugendlichen in der Schule.* Ein Handbuch für Pädagoginnen, Pädagogen und Eltern. Weinheim und Basel: Beltz Verlag.

Schweizerische Vereinigung der Eltern epilepsiekranker Kinder, SVEEK, (Hrsg.), 1995. *Epilepsien im Schulalltag.* Basel/Eberswalde: Recom Verlag.

12 Literaturverzeichnis

Altrichter, H. & Posch, P. (2007). *Lehrerinnen und Lehrer erforschen ihren Unterricht. Unterrichtsentwicklung und Unterrichtsevaluation durch Aktionsforschung.* (4. Auflage). Bad Heilbronn: Klinkhardt.

Antor, G. & Bleidick, U. (2001). *Bildung, Bildungsrecht.* In Antor, G. & Bleidick, U. (Hrsg.). Handlexikon der Behindertenpädagogik. Schlüsselbegriffe aus Theorie und Praxis. Stuttgart: Kohlhammer, S. 6-14.

Bildungsdirektion Kanton Zürich (2006). *Sonderpädagogisches Konzept.* Zürich: Bildungsdirektion.

Bildungsdirektion Kanton Zürich (2007). *Von der Separation zur Integration.* Zürich. Lehrmittelverlag.

Bleidick, U. (1988). *Betrifft Integration – Behinderte Kinder in allgemeinen Schulen.* Berlin Charlottenburg: Marhold Verlagsbuchhandlung.

Bless, G. (2000). Lernbehinderungen. In Borchert, J. (Hrsg.). Handbuch der Sonderpädagogischen Psychologie (S.440-453). Göttingen, Bern, Toronto, Seattle: Hogrefe.

Bless, G. (2007). *Zur Wirksamkeit der Integration.* Bern: Haupt Verlag.

Christ, W. (Hsg.), Mayer, Dr. H., Schneider, Dr. S. (2006). *Das anfallskranke Kind. Epilepsiekranke Kinder und Jugendliche – ein Ratgeber für Eltern.* Kehl-Kork: Epilepsiezentrum Kork (Diakone Kork).

Cloerkes G. (2007). *Soziologie der Behinderten. Eine Einführung.* (3. Auflage). Heidelberg: Universitätsverlag Winter.

Demmer-Dieckmann, I & Struck, B. (Hrsg.). (1991). *Gemeinsamkeit und Vielfalt. Pädagogik und Didaktik einer Schule ohne Aussonderung.* Weinheim und München: Juventa.

Feuser, G. (2009). Eine Schule für alle. Durch Integration zur inklusiven Schule. *vpod bildungspolitik,* 160, S. 8-17.

Freudenberg, D. (1968). *Leistungs- und Verhaltensstörungen bei kindlichen Epilepsien.* Basel: S. Karger AG.

Friedrich-Tornare, V. (2008*). Integration von Kindern und Jugendlichen mit geistiger und mehrfacher Behinderung.* Unveröffentlichtes Skript,. Hochschule für Heilpädagogik, Zürich.

Hofstetter, T. (2003). *Grauzonen des Leidens.* Leben mit unsichtbaren Behinderungen. Zürich. Seismo Verlag.

Informationsschrift der Schweizerischen Liga gegen Epilepsie, SLgE, (Hrsg.). *Epileptologie. Jahrgang 24 1/2007.*

Joller-Graf, K. (2006). *Lernen und Lehren in heterogenen Lerngruppen. Zur Didaktik des integrativen Unterrichts.* Donauwörth: Auer.

Kassebrock, F. (1990). *Psychosoziale Probleme bei Epilepsie. Entwicklungs- und Ablösekrisen.* Bielefeld: Bethel Verlag.

Kornmeier, M. (2008). *Wissenschaftlich schreiben leicht gemacht.* Bern: Haupt.

Kovacevic-Prerardovic, T. (2006). *Kinder mit Absencen-Epilepsie im Kinderspital Zürich: Eine retrospektive Analyse 1987-2005.* Unveröffentlichte Inaugural Dissertation, Universitätskinderkliniken, Zürich.

Krämer, G. (1998). *Epilepsie: Antworten auf die häufigsten Fragen.* Stuttgart: Thieme Verlag.

Kramis, J. (1990). Bedeutsamkeit, Effizienz, Lernklima – Gütekriterien für Unterricht. *Beiträge zur Lehrerfortbildung. Zeitschrift zu theoretischen und praktischen Fragen der Didaktik der Lehrerbildung,* 3, 1990.

Landesverband Epilepsie Bayern e. V. (LEB). (2008). *Epilepsie – eine pädagogische Herausforderung für jede Schule?!* Augsburg: SHG Epilepsie Augsburg.

Lanfranchi, A. (2009). Möglichkeiten und Grenzen schulischer Integration. *Zürcher Tagesanzeiger, Bildung und Erziehung,* 1.März 2009.

Mayring, Ph. (2002). *Einführung in die qualitative Sozialforschung.* (5. überarbeitete Auflage). Weinheim und Basel: Beltz Verlag.

Meyer, H. (2004). *Was ist guter Unterricht?* Berlin: Cornelsen Verlag.

Moser, H. (2008). *Instrumentenkoffer für die Praxisforschung. Eine Einführung.* (4. überarbeitete Auflage). Verlag Pestalozzianum.

Puckhaber, H. (2006). *Epilepsie im Kindesalter. Eine interdisziplinäre Aufgabe.* (6. unveränderte Auflage). Eschborn: Klotz Verlag.

Sälke-Kellermann, R. A., (2009). *Epilepsie bei Schulkindern.* Schriften über Epilepsie, Band IV. Hamburg: Stiftung Michael.

Schaffer, H. (2002). *Empirische Sozialforschung für die soziale Arbeit. Eine Einführung.* Freiburg im Breisgau: Lambertus.

Schneble, H. (2003). *Epilepsie. Erscheinungsformen, Ursachen, Behandlung.* (2. überarbeitete Ausgabe). München: C.H. Beck Verlag.

Schöler, J. (1999). *Integrative Schule – Integrativer Unterricht. Ratgeber für Eltern und Lehrer.* (2. überarbeitete Auflage). Berlin: Luchterhand.

Schöler, J. (Hrsg.), Schaudwet, A. (2009). *Epilepsie bei Kindern und Jugendlichen in der Schule.* Ein Handbuch für Pädagoginnen, Pädagogen und Eltern. Weinheim und Basel: Beltz Verlag.

Schweizerische Konferenz der Pädagogischen Hochschulen – Arbeitsgruppe Heilpädagogik, SKPH (2006). *Positionspapier zur Heilpädagogik in der allgemeinen Regelschule.* Unveröffentlichter Entwurf.

Schweizerische Vereinigung der Eltern epilepsiekranker Kinder, SVEEK, (Hrsg.), 1995. *Epilepsien im Schulalltag.* Basel/Eberswalde: Recom Verlag.

Schweizerische Zentralstelle für Heilpädagogik, SZH, (2007). *Rahmenbedingungen für eine Schule für alle.* Luzern 1.7.2007 – 5.9.2007.

Sermier, R. (2006). Die Integration von behinderten Kindern in die Regelschule. Wo steht die Schweiz? *Agile, Dachverband der Behinderten-Selbsthilfe Schweiz,* Nr 4.

Steppacher, J. (2008). *Umgang mit Heterogenität. Von der Integration zur Inklusion.* Unveröffentlichtes Skript. Hochschule für Heilpädagogik, Zürich.

Stigler, H. & Reich, H. (2005). *Praxisbuch Empirische Sozialforschung.* Innsbruck: Studienverlag.

UNESCO, (1994). *The Salamanca Statement and Framework for Action on Special Needs Education.* Genf: UNESCO.

Wipf, P. (2009). Wünsche und Bedürfnisse. *In epi suisse magazin.* Zürich: Epi Suisse, 1/2009 S. 6-8.

Literatur Internet

Deutsche Epilepsievereinigung (2010). *Leben mit Epilepsie.* Nordrhein-Westfalen gem. e. v. http://www.de-nrw.de [18.03.2010]

Elsner, H. (2002) *Anfallsleiden (Epilepsie).*
http://www.iqakademie.de/datenbank/lex/show.php?id=51 [10.02.2010]

Epi-suisse: *Erste Umfrage über Epilepsie*
http://www.presseportal.ch/de/pm/100003704/100470210/epi_suisse [30.10.2009]

World Health Organization (WHO), (2009). *Epilepsy*
http://www.who.int/mediacentre/factsheets/fs999/en/print.html [05.03.2010]

13 Abbildungsverzeichnis

Abb. 1: Epilepsie. Quelle: Wikipedia [2010] 27
Abb. 2: Was bedeutet Epilepsie (Engel, in Krämer, 1998) 40
Abb. 3: Tabelle – Terminplanung nach Moser (2008) 67
Abb. 4: Flussdiagramm Rücklauf 69
Abb. 5: Diagramm Stichprobe – Verteilung auf Alterskategorien 70
Abb. 6: Diagramm Stichprobe – Verteilung auf Anzahl Jahre Berufserfahrung 70
Abb. 7: Diagramm Stichprobe – Verteilung auf die beiden Schulsysteme 71
Abb. 8: Tabelle Stichprobe – Verteilung innerhalb der Schulsysteme 71
Abb. 9: Diagramm Stichprobe – Verteilung auf die Stufen (Mehrfachantworten) 71
Abb. 10: zu 7 72
Abb. 11: zu 8 72
Abb. 12: zu 8 72
Abb. 13: zu 8 72
Abb. 14: zu 9 72
Abb. 15: Wissen – Diagramm Alltagswissen –Mittelwert 73
Abb. 16: Diagramm zu Aussage 10..74
Abb. 17: Diagramm zu Aussage 11..75
Abb. 18: Originalzitate SHP zur Thematik Fehlendes Wissen 76
Abb. 19: Wissen – Diagramm zu Aussage 12 – Fehlendes Wissen 76
Abb. 20: Wissen – Diagramm Wissen total: Mittelwert...77
Abb. 21.: Tabelle Erfahrungen – Erfahrungen in den verschiedenen Bereichen 78
Abb. 22: Erfahrungen – Diagramm, frühere Erfahrungen in Abhängigkeit der Berufserfahrung...79
Abb. 23: Diagramm Erfahrungen – Aktuelle Erfahrungen in Abhängigkeit von früheren Erfahrungen mit Epilepsie im Schulalltag 80
Abb. 24: Erfahrungen – Erfahrungen – Total – Mittelwert 81
Abb. 25: Originalzitate SHP zur Thematik fehlende Voaussetzungen 81
Abb. 26: Voraussetzungen & Grundhaltung – Diagramm zu Aussage 43 – Gefühle......82
Abb. 27: Diagramm Voraussetzungen & Grundhaltung – Diagramm zu Aussage 18: Vorstellung 83
Abb. 28: Voraussetzungen & Grundhaltung -Diagramm zu Aussage 19 83
Abb. 29: Voraussetzungen & Grundhaltung – Diagramm Persönlichen Qualifikation in Abhängigkeit von früheren Erfahrungen mit Schülern mit Epilepsie 85
Abb. 30: Voraussetzungen & Grundhaltung – Diagramm Persönliche Qualifikation in Abhängigkeit der aktuellen Erfahrungen mit Schülern mit Epilepsie 86
Abb. 31: Voraussetzungen & Grundhaltung - Diagramm zu Aussage 20 87

Abb. 32: Voraussetzungen & Grundhaltung - Diagramm Bereitschaft zu einer Weiterbildung in Abhängigkeit der Grundhaltung 88

Abb. 33: Voraussetzungen & Grundhaltung - Diagramm zu Aussage 21 89

Abb. 34: Voraussetzungen & Grundhaltung – Diagramm zu Aussage 22 90

Abb. 35: Voraussetzungen & Grundhaltung - Förderbedarf Mittelwert 90

Abb. 36: Voraussetzungen & Grundhaltung – Diagramm Totale –Mittelwert 91

Abb. 37: Beschulung – Diagramm zu Aussage 23 92

Abb. 38: Beschulung – Diagramm zu Aussage 25 93

Abb. 39: Beschulung – Diagramm Korrelation Mitbestimmungsrecht der Eltern und interdisziplinäre Zusammenarbeit mit den Eltern 94

Abb. 40: Diagramm zu Integrative Beschulung – Korrelation Frühere Erfahrungen - Mitbestimmungsrecht der Eltern 95

Abb. 41: Beschulung – Diagramm zu Aussage 26 96

Abb. 42: Beschulung – Diagramm zu Aussage 27 97

Abb. 43: Diagramm zu Integrative Beschulung – Korrelation Sonderrolle – 24h-Betreuung . 98

Abb. 44: Beschulung – Diagramm zu Aussage 28 99

Abb. 45: Beschulung – Diagramm Beschulung – Total -Mittelwert 100

Abb. 46: Unterricht - Diagramm zu Aussage 29 101

Abb. 47: Unterricht - Diagramm zu Aussage 30 101

Abb. 48: Unterricht - Diagramm zu Aussage 31 102

Abb. 49: Unterricht - Diagramm zu Aussage 32 103

Abb. 50: Unterricht - Diagramm zu Aussage 33 104

Abb. 51: Diagramm Korrelation zwischen der Lernentwicklung der Kinder mit Epilepsie und der Sozialentwicklung aller Schüler im integrativen Unterricht 105

Abb. 52: Unterricht - Diagramm zu Aussage 34 106

Abb. 53: Zur Thematik Unterstützende Unterrichtsmassnahmen 107

Abb. 54: Unterricht - Diagramm zu Aussage 35 108

Abb. 55: Zur Thematik Fördernde Unterrichtsmethoden 108

Abb. 56: Unterricht – Diagramm Unterricht –Total -Mittelwert 109

Abb. 57: Diagramm zu Aussage 36a und b 110

Abb. 58: Total der zeitlichen Ressourcen 110

Abb. 59: Förderung - Diagramm zu Aussage 37 111

Abb. 60: Förderung - Diagramm zu Aussage 38 112

Abb. 61: Förderung - Diagramm zu Aussage 39 112

Abb. 62: Förderung - Diagramm zu Aussage 40 – Teilleistungen 113

Abb. 63: Förderung - Diagramm zu Aussage 40 – Verhaltensauffälligkeiten 113

Abb. 64: Förderung - Diagramm zu Aussage 40 – beide Bereiche 114

Abb. 65: Förderung - Diagramm zu Aussage 40 – keinen Bereich 114

Abb. 66: Förderung - Diagramm zu Aussage 41 – Teamteaching 115

Abb. 67: Diagramm zu Aussage 41 - Gruppenförderung 115
Abb. 68: Förderung - Diagramm zu Aussage 41 - Einzelförderung 116
Abb. 69: Förderung – Diagramm Förderung - Total: Mittelwert 117
Abb. 70: Interdisziplinäre Zusammenarbeit - Diagramm zu Aussage 42 117
Abb. 71: Diagramm zu Aussage 43 118
Abb. 72: Interdisziplinäre Zusammenarbeit – Diagramm zu Aussage 44 119
Abb. 73: Interdisziplinäre Zusammenarbeit - Diagramm zu Aussage 45 120
Abb. 74: Interdisziplinäre Zusammenarbeit – Diagramm Zusammenarbeit mit
   Fachpersonen – Mittelwert 121
Abb. 75: Interdisziplinäre Zusammenarbeit – Diagramm Totale: Mittelwert 122

14 Anhang

Begleitbrief Fragebogen

„Schulische Integration von Kindern & Jugendlichen mit Epilepsie"

Liebe Schulische Heilpädagoginnen und Heilpädagogen

Im Rahmen unserer Untersuchung an der Hochschule für Heilpädagogik haben wir uns zum Ziel gesetzt, **die schulische Integration von Kindern & Jugendlichen mit Epilepsie** unter die Lupe zu nehmen.

Es ist uns ein Anliegen, einen möglichst grosses Erfahrungs- und Erwartungsspektrum inklusive Chancen und möglicher Grenzen bezüglich schulischer Integration von Kindern mit Epilepsie zusammenzutragen, auszuwerten und daraus Schlussfolgerungen zu ziehen.

In der Hoffnung, dass auch Sie durch Ihre Teilnahme an der Befragung für Ihre berufliche Tätigkeit profitieren können, danken wir Ihnen bereits heute für das Ausfüllen des Fragebogens!

Die Daten der Fragebogen werden **vertraulich** behandelt. Im Schlussbericht der Masterthese werden keine Rückschlüsse auf Einzelpersonen möglich sein. Die Fragebogen werden nach Abschluss der Auswertung vernichtet. Bei Unklarheiten geben wir gerne per Mail Auskunft: morger.petra@learnhfh.ch .

Wir bitten Sie, den Fragebogen bis **Freitag, den 10. März 2010,** an uns zu retournieren.

Herzlichen Dank für Ihre Mitarbeit!

Nicole Hofstetter und Petra Morger (Studierende an der HfH, Studiengang Schulische Heilpädagogik PSS: Schwerpunkt Schüler mit Schulschwierigkeiten)

Fragebogen

Hinweise

Wenn Sie an mehreren Schulen unterrichten, dann wählen Sie für das Ausfüllen des Fragebogens bitte nur diejenige aus, bei welcher Ihr Arbeitspensum am grössten ist.

Aufgrund der Leserlichkeit werden Schülerinnen und Schüler im Fragebogen unter dem Begriff „Schüler" zusammengefasst

4. Aktuelle Arbeitsstelle

Separatives Schulsystem
- ☐ Heilpädagogische Schule/Institution
- ☐ Sprachheilschule/Gehörlosenschule
- ☐ Regelschule: Kleinklasse/ Einführungsklasse

Integratives Schulsystem
- ☐ Regelschule: IF/ISF
- ☐ Regelschule: ISS
- ☐ Sonstige ....

5. Stufe der Arbeitsstelle
- ☐ KIGA
- ☐ Primarstufe
- ☐ Unterstufe
- ☐ Mittelstufe
- ☐ Oberstufe

6. Schulgemeinde/ Schulkanton
- ☐ AI
- ☐ AR
- ☐ SG
- ☐ ZH

Allgemeines Wissen über Epilepsie

7. Ich habe schon einmal von Epilepsie gehört.

| ☐ JA | ☐ NEIN | ☐ Weiss ich nicht |

8. Ich halte Epilepsie für:

chronische Krankheit	☐ JA	☐ NEIN	☐ Weiss ich nicht
eine Behinderung	☐ JA	☐ NEIN	☐ Weiss ich nicht
eine Geisteskrankheit	☐ JA	☐ NEIN	☐ Weiss ich nicht

9. Haben Kinder mit Epilepsie eine zusätzliche Erkrankung oder Behinderung?

| ☐ JA | ☐ NEIN | ☐ Weiss ich nicht |

9a. Wenn ja, welche?:

....

10. Ich verfüge über Wissen in Bezug auf Epilepsie im Allgemeinen: Geschichtliches, Medizinisches.

Definition/Begriff	☐ trifft nicht zu	☐ trifft eher nicht zu	☐ trifft eher zu	☐ trifft zu
Geschichte	☐ trifft nicht zu	☐ trifft eher nicht zu	☐ trifft eher zu	☐ trifft zu
Medizinische Aspekte	☐ trifft nicht zu	☐ trifft eher nicht zu	☐ trifft eher zu	☐ trifft zu
Neuropsychologische Aspekte	☐ trifft nicht zu	☐ trifft eher nicht zu	☐ trifft eher zu	☐ trifft zu

Psychologische Aspekte	☐ trifft nicht zu	☐ trifft eher nicht zu	☐ trifft eher zu	☐ trifft zu

Spezifisches Wissen über Epilepsie in Zusammenhang mit schulischer Integration

11. Ich verfüge über Wissen in Bezug auf Epilepsie und Schule in folgenden Bereichen:

Lern- und Leistungsverhalten	☐ trifft nicht zu	☐ trifft eher nicht zu	☐ trifft eher zu	☐ trifft zu
Verhaltensauffälligkeiten	☐ trifft nicht zu	☐ trifft eher nicht zu	☐ trifft eher zu	☐ trifft zu
Medikamente & deren Wirkung	☐ trifft nicht zu	☐ trifft eher nicht zu	☐ trifft eher zu	☐ trifft zu
Einschränkungen & Gefahren	☐ trifft nicht zu	☐ trifft eher nicht zu	☐ trifft eher zu	☐ trifft zu
Anfälle & Erste Hilfe	☐ trifft nicht zu	☐ trifft eher nicht zu	☐ trifft eher zu	☐ trifft zu

12. Was fehlt mir noch für eine gelingende Integrationsarbeit bei einem Kind mit Epilepsie?

☐ Wissen über Anfallsverhalten

☐ Wissen über spezielle Beeinträchtigungen von Kindern mit Epilepsie

☐ Wissen über medizinischen Hintergrund von Epilepsie im Allgemeinen

☐ Wissen über die interdisziplinäre Zusammenarbeit in dieser Thematik (Eltern, Ärzte, Therapeuten, Fachstellen)

☐ Wissen über spezielle Bedürfnisse von Kindern mit Epilepsie

☐ Konkrete Beispiele in Bezug auf die spezielle Förderung von Kindern mit Epilepsie

☐ Wissen über Einschränkungen bei Kindern mit Epilepsie

Erfahrungen mit Epilepsie

13. Ich verfüge über Erfahrungen mit Menschen mit Epilepsie im privaten Bereich.

☐ JA	☐ NEIN	☐ Weiss ich nicht

14. Ich verfüge über frühere Erfahrung mit Schülern mit Epilepsie

☐ JA	☐ NEIN	☐ Weiss ich nicht

15. Ich fördere & unterstütze aktuell Schüler mit Epilepsie.

☐ JA	☐ NEIN	☐ Weiss ich nicht

16. Ich habe schon einmal einen epileptischen Anfall: Grand Mal gesehen oder miterlebt.

☐ JA	☐ NEIN	☐ Weiss ich nicht

Voraussetzungen & Grundhaltung

17. Bei dem Gedanken an ein Kind mit Epilepsie steigen in mir folgende Gefühle hoch:

☐ Angst ☐ Gleichgültigkeit

☐ Ekel ☐ Interesse

☐ Unsicherheit ☐ Neugier

☐ Unberechenbarkeit ☐ Faszination

18. Schulische Integration von Kindern mit Epilepsie löst in mir folgende Vorstellung aus:

☐ Das wäre in jeder Hinsicht spannend. ☐ Nicht ganz einfach – aber warum nicht?

☐ Keine Ahnung, was das für mich bedeuten würde. ☐ Ich denke, ich wäre überfordert.

☐ Nein, nur das nicht!

19. Ich erachte mich in Bezug auf eine Integration von einem Kind mit Epilepsie als qualifiziert.

☐	☐	☐	☐
trifft nicht zu	trifft eher nicht zu	trifft eher zu	trifft zu

20. Ich bin zu einer Weiterbildung in Form eines Kurses im Bereich der Epilepsie & Schule bereit, falls ein Kind mit Epilepsie in meiner Schule integriert werden soll.

☐	☐	☐	☐
trifft nicht zu	trifft eher nicht zu	trifft eher zu	trifft zu

21. Ich verfüge über Hilfsmaterialien wie konkrete Förderideen, Fördermaterialien, Beobachtungsbogen, Leitfäden für interdisziplinäre Gespräche etc. für eine optimale Förderung der Kinder mit Epilepsie.

☐	☐	☐	☐
trifft nicht zu	trifft eher nicht zu	trifft eher zu	trifft zu

22. Wenn die notwendigen Voraussetzungen vorhanden sind, kann ich mir vorstellen, Schüler mit Epilepsie mit folgendem Förderbedarf in meiner Schule zu unterstützen und zu fördern:

	trifft nicht zu	trifft eher nicht zu	trifft eher zu	trifft zu
mit Förderbedarf in Teilleistungen (kognitiv)	☐	☐	☐	☐
mit Förderbedarf im Verhalten	☐	☐	☐	☐
Mit Förderbedarf in beiden Bereichen	☐	☐	☐	☐

☐	☐	☐	☐
trifft nicht zu	trifft eher nicht zu	trifft eher zu	trifft zu

23. Diese Voraussetzungen müssen an meiner Schule noch erfüllt werden, damit die Integration erfolgreich sein kann:

_____
_____
_____
_____
_____
_____
_____

Bei folgenden Aussagen ist Ihre Erwartung gefragt, unabhängig davon, ob Sie Erfahrungen in den jeweiligen Bereichen gesammelt haben! Vielen Dank!

Beschulung

24. Kinder mit Epilepsie sollen die Möglichkeit haben, an ihrem Wohnort zur Schule gehen zu können.

☐	☐	☐	☐
trifft nicht zu	trifft eher nicht zu	trifft eher zu	trifft zu

25. Die Eltern sollen die Schulungsform ihres Kindes mit Epilepsie massgeblich mitbestimmen können. (Dort, wo dies rechtlich möglich ist.)

☐	☐	☐	☐
trifft nicht zu	trifft eher nicht zu	trifft eher zu	trifft zu

26. Schüler mit Epilepsie bedürfen aufgrund ihrer Beeinträchtigung einer Sonderrolle in der Schule, die durch die SHP definiert wird.

☐	☐	☐	☐
trifft nicht zu	trifft eher nicht zu	trifft eher zu	trifft zu

27. Die Beaufsichtigung, Begleitung und Rücksichtnahme bei Kindern mit Epilepsie ist rund um die Uhr durch eine Fachperson, z.B. die SHP, zu gewährleisten.

☐	☐	☐	☐
trifft nicht zu	trifft eher nicht zu	trifft eher zu	trifft zu

28. Regelungen, Vorsichtsmassnahmen und Einschränkungen werden durch die SHP in Absprache mit den Eltern auf ein notwendiges Minimum definiert, um den Entwicklungsspielraum für diese Kinder möglichst gross zu halten.

☐	☐	☐	☐
trifft nicht zu	trifft eher nicht zu	trifft eher zu	trifft zu

Unterricht

29. Die sachliche Information der Mitschüler über die Epilepsie des Kindes ist Voraussetzung für die soziale Integration dessen.

☐	☐	☐	☐
trifft nicht zu	trifft eher nicht zu	trifft eher zu	trifft zu

30. Der Einbezug des Kindes mit Epilepsie ist bei der Informationsweitergabe an Mitschüler oder Behandlung des Themas im Unterricht von Wichtigkeit für seine soziale Integration & emotionale Entwicklung.

☐	☐	☐	☐
trifft nicht zu	trifft eher nicht zu	trifft eher zu	trifft zu

31. Die Behandlung der Thematik Epilepsie in Form eines Projekttages, Sonderthemas, fächerübergreifend, durch die SHP dient massgeblich der Integration von Kindern mit Epilepsie.

☐	☐	☐	☐
trifft nicht zu	trifft eher nicht zu	trifft eher zu	trifft zu

32. Der integrative Unterricht hat einen positiven Einfluss auf die **Lernentwicklung** von Kindern mit Epilepsie.

☐	☐	☐	☐
trifft nicht zu	trifft eher nicht zu	trifft eher zu	trifft zu

33. Die Anwesenheit von Kindern mit Epilepsie im Regelunterricht hat einen positiven Einfluss auf die Entwicklung **sozialer Kompetenzen** von allen Schülern.

☐	☐	☐	☐
trifft nicht zu	trifft eher nicht zu	trifft eher zu	trifft zu

34. Diese Massnahmen der Unterrichtsgestaltung wirken sich unterstützend auf den integrativen Unterricht von Kindern mit Epilepsie aus:

Rituale	☐ trifft nicht zu	☐ trifft eher nicht zu	☐ trifft eher zu	☐ trifft zu
Rhythmisierung	☐ trifft nicht zu	☐ trifft eher nicht zu	☐ trifft eher zu	☐ trifft zu
Strukturierung	☐ trifft nicht zu	☐ trifft eher nicht zu	☐ trifft eher zu	☐ trifft zu
visuelle, auditive und kinästhetische Hilfsmittel	☐ trifft nicht zu	☐ trifft eher nicht zu	☐ trifft eher zu	☐ trifft zu
Sonstige:...................	☐ trifft nicht zu	☐ trifft eher nicht zu	☐ trifft eher zu	☐ trifft zu

35. Welche Unterrichtsmethoden bewähren sich im Unterricht, Kinder mit Epilepsie integriert?

☐ Frontalunterricht   ☐ Wochenplan

☐ Werkstattunterricht   ☐ Entdeckender Unterricht

☐ Gruppenunterricht   ☐ Handelnder Unterricht

☐ Paararbeit   ☐ Sonstige: ....

Förderung

36. Für die Bewältigung der Integration von Kindern mit Epilepsie sind die aktuellen zeitlichen Ressourcen…

a. für die Förderung des Kindes ausreichend:

☐	☐	☐	☐
trifft nicht zu	trifft eher nicht zu	trifft eher zu	trifft zu

b. für die Förderung der anderen Schüler mit Beeinträchtigungen ausreichend.

☐	☐	☐	☐
trifft nicht zu	trifft eher nicht zu	trifft eher zu	trifft zu

37. Die Basis der optimalen Förderplanung legt die psychologische & neuropsychologische Diagnostik.

☐	☐	☐	☐
trifft nicht zu	trifft eher nicht zu	trifft eher zu	trifft zu

39. Regelmässige Beobachtungen der Kinder mit Epilepsie im Unterricht bieten eine gute Grundlage für die Förderplanung.

☐	☐	☐	☐
trifft nicht zu	trifft eher nicht zu	trifft eher zu	trifft zu

38. Die Eltern werden in die Entscheidungsprozesse, welche die individuelle Förderung ihres Kindes betreffen, einbezogen.

☐	☐	☐	☐
trifft nicht zu	trifft eher nicht zu	trifft eher zu	trifft zu

40. Kinder mit Epilepsie haben einen höheren Förderbedarf im

a. Bereich Teilleistungen:

☐	☐	☐	☐
trifft nicht zu	trifft eher nicht zu	trifft eher zu	trifft zu

b. Bereich Verhaltensauffälligkeiten:

☐	☐	☐	☐
trifft nicht zu	trifft eher nicht zu	trifft eher zu	trifft zu

c. in beiden Bereichen

☐	☐	☐	☐
trifft nicht zu	trifft eher nicht zu	trifft eher zu	trifft zu

d. in keinem Bereich:

☐	☐	☐	☐
trifft nicht zu	trifft eher nicht zu	trifft eher zu	trifft zu

41. Diese Fördersettings wirkt sich erfolgreich auf die Förderung von Kindern mit Epilepsie aus:

Teamteaching	☐ trifft nicht zu	☐ trifft eher nicht zu	☐ trifft eher zu	☐ trifft zu
Einzelförderung	☐ trifft nicht zu	☐ trifft eher nicht zu	☐ trifft eher zu	☐ trifft zu
Gruppenförderung	☐ trifft nicht zu	☐ trifft eher nicht zu	☐ trifft eher zu	☐ trifft zu

Interdisziplinäre Zusammenarbeit

42. Die interdisziplinäre Zusammenarbeit ist eine grundlegende Vorraussetzung für die Integration von Kindern mit Epilepsie.

☐	☐	☐	☐
trifft nicht zu	trifft eher nicht zu	trifft eher zu	trifft zu

43. Die Informationsweitergabe über die Epilepsieerkrankung erfolgt gegenüber Teamkollegen und Angestellten im Schulhaus neutral.

☐	☐	☐	☐
trifft nicht zu	trifft eher nicht zu	trifft eher zu	trifft zu

44. Der regelmässige Austausch mit den Eltern des Kindes bezüglich Wohlbefinden & schulischen Leistungen, Krankheitsverlauf etc. ist selbstverständlich.

☐	☐	☐	☐
trifft nicht zu	trifft eher nicht zu	trifft eher zu	trifft zu

45. Die interdisziplinäre Zusammenarbeit ist mit folgenden Fachpersonen wichtig mit:

behandelndem Arzt	☐ trifft nicht zu	☐ trifft eher nicht zu	☐ trifft eher zu	☐ trifft zu
Psychotherapeut	☐ trifft nicht zu	☐ trifft eher nicht zu	☐ trifft eher zu	☐ trifft zu
Neurologen	☐ trifft nicht zu	☐ trifft eher nicht zu	☐ trifft eher zu	☐ trifft zu
Epilepsie-Klinik	☐ trifft nicht zu	☐ trifft eher nicht zu	☐ trifft eher zu	☐ trifft zu

Epilepsie-Beratungsstelle, z.B. SVEEK	☐ trifft nicht zu	☐ trifft eher nicht zu	☐ trifft eher zu	☐ trifft zu
Selbsthilfegruppen	☐ trifft nicht zu	☐ trifft eher nicht zu	☐ trifft eher zu	☐ trifft zu
Laufbahnberatung	☐ trifft nicht zu	☐ trifft eher nicht zu	☐ trifft eher zu	☐ trifft zu

46. Was ich noch sagen wollte, was eventuell im Fragebogen zu kurz gekommen ist.

HERZLICHEN DANK FÜR IHRE MITARBEIT!!

Erste Hilfe bei einem Epilepsieanfall[1]

Erste Hilfe bei einem Krampfanfall

Was ist zu tun, um einem Epilepsie-Kranken, der einen Anfall erleidet, zu helfen? – Unsere Übersicht hilft, die richtige Massnahme zu ergreifen.

Der unmittelbare Anfallsverlauf ist von aussen nicht beeinflussbar. Versuche, krampfende Gliedmassen festzuhalten oder die Zähne auseinander zubringen, führen häufig zu Verletzungen des Betroffenen und des Helfers. Sie müssen unterlassen werden.

Genau beobachten

Eine ruhige und genaue Beobachtung des Anfalles kann für spätere Behandlungsschritte wichtig sein. Während des Anfalles sollte der Betroffene aus Gefahrenbereichen (z.B. Strassenverkehr) gebracht und der Körper vor Verletzungen geschützt werden. Sinnvoll ist etwa eine Unterlage unter den Kopf.

Nach dem Anfall: Wenn der Betroffene schläft, sollte man ihn in eine Seitenlage bringen (Speichelabfluss möglich) und die Kleidung am Hals lockern. Kommt er wieder zu sich, so besteht häufig eine Verwirrtheit. Diese ist nicht immer sofort zu erkennen.

Freundlich und ruhig ansprechen

Sprechen Sie den Betroffenen freundlich und beruhigend an, sichern Sie ihm ihre Hilfsbereitschaft zu und fragen ihn nach seinen Wünschen. Die Verwirrtheit geht meist innerhalb weniger Minuten zurück. Gefahr droht nur, wenn ein Anfall länger als 10 Minuten dauert oder sich mehrere Anfälle hintereinander reihen. Dann muss unbedingt ein Arzt gerufen werden. Gleiches gilt, wenn sich der Betroffene im Anfall verletzt hat.

---

[1] SVEKK, 1995, S. 71f

Grundsätzlich gelten folgende Regeln:

- Ein einzelner Anfall wirkt bedrohlich,
  ist aber nicht gefährlich. Er hört von selbst wieder auf.
- Registrieren Sie die Dauer des Anfalls.
- Während des Anfalls sollte man Verletzungsgefahren
  (z.B. Werkzeug oder Möbel) beseitigen.
- Beengte Kleidung sollte gelockert werden.
- Nichts zwischen die Zähne schieben.
- Arme und Beine nicht festhalten.
- Nicht Beatmen.
- Vor Unterkühlung schützen.
- Zuckungen der Arme und Beine und des Gesichts sind
  meist nach 1–2 Minuten abgeklungen. Anschliessend
  kann der Betroffene noch für einige Zeit (bis zu mehreren
  Stunden) kaum weckbar und müde sein. Der Betroffene
  erholt sich von selbst.
  Hilfe und Begleitung anbieten!
- Nach dem Anfall sollte man den Betroffenen
  beim Wachwerden nicht alleine lassen.
- Ein Arzt muss gerufen werden,
  - wenn der Anfall länger als 10 Minuten dauert
  - wenn die Zuckungen nur vorübergehend aufhören
  - wenn das Gesicht blau angelaufen ist
  - wenn Verwirrtheit länger als 30 Minuten andauert